Tanja Schaub

# Lesetraining nach Kompetenzstufen

## 7. Jahrgangsstufe

umweltfreundlich auf chlorfreiem Papier



ISBN 978-3-89291-**018-3**

# DEUTSCH

## LITERATUR/LESEN

### LESEKOMPETENZ FÖRDERN

M. u. E. Hirmer

Im Buch blättern

Textknacker
5./6. Jahrgangsstufe
Lesetexte besser verstehen

144 Seiten, DIN A4
Kopiervorlagen

**BEST.NR.:** 525 22,90 €

Hans Bayerl

Im Buch blättern

Textknacker
7.-9. Jahrgangsstufe
Lesetexte besser verstehen

102 Seiten, DIN A4
Kopiervorlagen

**BEST.NR.:** 526 19,90 €

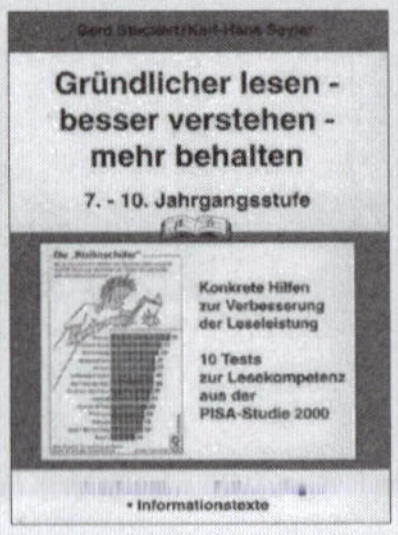


Gerd Stuckert

Im Buch blättern

Gründlicher lesen, besser verstehen, mehr behalten
7.-10. Jahrgangsstufe

78 Seiten, DIN A4
Kopiervorlagen

**BEST.NR.:** 538 16,90 €

### LESETEXTE MIT AUFGABENSTELLUNGEN/MINIKRIMIS

M. u. E. Hirmer

Im Buch blättern

Minikrimis
5./6. Jahrgangsstufe

46 Seiten, DIN A4
Kopiervorlagen

**BEST.NR.:** 356 12,90 €

Karl-Hans Seyler

Inhalt & Leseprobe

Literatur
5./6. Jahrgangsstufe

148 Seiten, DIN A4
Stundenbilder
mit Kopiervorlagen

**BEST.NR.:** 568 22,90 €

Anton Schaller

Im Buch blättern

DU - Geschichten
zum sozialen Lernen
4.-6. Jahrgangsstufe

40 Seiten, DIN A4
Kopiervorlagen

**BEST.NR.:** 519 12,90 €

Anton Schaller

Im Buch blättern

LIEBE...
25 Geschichten zum
Lesen und Diskutieren

54 Seiten, DIN A4
Kopiervorlagen

**BEST.NR.:** 999 14,90 €



### GEDICHTE/JUGENDLITERATUR

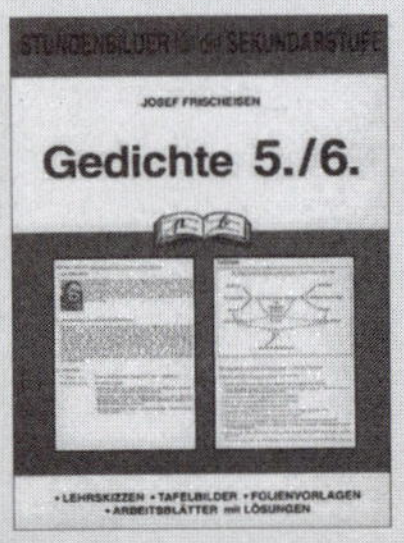


Josef Frischeisen

Inhalt & Leseprobe

Gedichte
5./6. Jahrgangsstufe

84 Seiten, DIN A4
Stundenbilder mit
Kopierv.

REDUZIERT

**BEST.NR.:** 209 6,90 €

B. Stiefenhofer

Inhalt & Leseprobe

Jugendliteratur
5./6. Jahrgangsstufe

110 Seiten, DIN A4
Kopiervorlagen

REDUZIERT

**BEST.NR.:** 912 9,90 €

Witschas/Böttger

Inhalt & Leseprobe

Jugendliteratur
9./10. Jahrgangsstufe

106 Seiten, DIN A4
Kopiervorlagen

REDUZIERT

**BEST.NR.:** 914 14,90 €

# Inhaltsverzeichnis

# Vorwort

## Lesekompetenz erwerben

Diese Unterrichtsvorbereitung zum Leseunterricht in Form von vorgegebenen Texten mit den zugehörigen, strukturierten Arbeitsblättern dient vor allem der Schulung von Lesekompetenz. Dieser Band enthält zwölf verschiedene Lesetexte zu unterschiedlichen Textsorten. Diese können ohne Punktvorgabe genutzt werden für Übungen zur Entwicklung von **Lesefertigkeit** wie wortgenaues, flüssiges und klanggestaltendes Lesen. Die Arbeitsaufträge zur Klärung von Inhalt, Gehalt und zum Betrachten von Sprache fördern die **Lesefähigkeit**.

## Anforderungsstufen beachten

Beim sinnerfassenden Lesen können die Anforderungsstufen zum Tragen kommen: Reproduktion Reorganisation – Transfer – problemlösendes Denken. Mithilfe dieses Trainingsbandes kann das Hauptlernziel des Lehrplans umgesetzt werden: Lesen und mit Literatur umgehen.

## Kompetenzstufen berücksichtigen

Das Lernmaterial orientiert sich an dem Kompetenzstufenmodell PISA. Die Leistungen der Schüler werden durch verschiedene Stufen beschrieben. Es werden fünf Kompetenzstufen definiert. Jugendliche, die in der Lage sind, die Anforderungen einer bestimmten Stufe zu erfüllen, können auch darunterliegende Kompetenzstufen erfüllen. Höhere Stufen können sie jedoch in der Regel nicht bewältigen.

## Stufen der Lesekompetenz

### Kompetenzstufe I

Eine Information/mehrere, leicht auffindbare Informationen können lokalisiert werden. Der Hauptgedanke des Textes wird erkannt. Es können nur einfache Verbindungen zwischen Text und Alltagswissen hergestellt werden.

### Kompetenzstufe II

Eine Information/mehrere Informationen können lokalisiert werden. Einzelne Elemente werden durch simple Schlussfolgerungen erschlossen. Hauptgedanke wird erfasst und es können Verbindungen zwischen Text und persönlichen Erfahrungen/Einstellungen gezogen werden.

### Kompetenzstufe III

Einzelinformationen können auch bei konkurrierenden Informationen aufgenommen werden. Genaues Textverständnis, Nutzung eines spezifischen Wissens für die Beurteilung.

### Kompetenzstufe IV

Mehrere eingebettete Informationen werden lokalisiert. Auslegung von Sprachnuancen. Aufstellen von Hypothesen über Textinformationen, unter Zuhilfenahme externen Wissens.

### Kompetenzstufe V

Verschiedene, tief eingebettete Informationen können lokalisiert werden, auch bei unbekannten Textarten. Detailliertes Verständnis, auch von Sprachnuancen, kritisches Bewerten unter Einbeziehung speziellen Wissens.

## Leseproben: Notenschlüssel

| | | |
|---|---|---|
| Note 1: 14,0 - 13,0 | Note 2: 12,5 - 11,0 | Note 3: 10,5 - 8,5 |
| Note 4: 8,0 - 5,5 | Note 5: 5,0 - 3,0 | Note 6: 2,5 - 0 |

D Name: ______________________ Datum: ______________________

# Schokolade bei den Maya und den Azteken

## Schokolade bei den Maya

Die von den Maya verwendete Schokolade unterscheidet sich sehr von der heute üblichen Form. Schokolade wurde getrunken und nicht in fester Form konsumiert, zumindest ist hiervon nichts überliefert. Schokolade bzw. Kakao wurde auch als Gewürz bei der Zubereitung von Speisen verwendet. Die Maya entwickelten als Erste ein Getränk aus Kakaobohnen. Diesem wurden magische Kräfte nachgesagt. Kakao wurde bei Fieber, Husten und Schwangerschaftsbeschwerden eingesetzt. In der Regel wurde Kakao nicht gesüßt, so hatte er einen eher bitteren herben Geschmack. Vermutlich betrachteten die Maya, wie auch die späteren Azteken, den Schaum auf der Schokolade als besonders köstlich. In der Abbildung wird die Methode der Maya beschrieben, auf der Schokolade Schaum zu erzeugen. Die Schokolade wird bei diesem Prozess von einem Gefäß in ein anderes gegossen. Kakao war bei den Maya kein Massenprodukt, sondern ein Getränk, das dem Adel vorbehalten war. Um die große Bedeutung des Kakaos und seine hohe Stellung deutlich zu machen, muss man sich nur vor Augen halten, dass Kakaobohnen bei den Maya und auch bei den Azteken als Zahlungsmittel verwendet wurden. Einige Maya-Stämme betrieben deswegen regen Handel mit Kakaobohnen, nicht nur untereinander, sondern auch mit Nachbarreichen. Von den Maya existieren neben Wandzeichnungen auch noch Gefäße, die zur Einnahme von Kakao benutzt wurden. Oft wurden solche Gefäße den Verstorbenen als Grabbeigabe mitgegeben.

## Schokolade bei den Azteken

Die Schokolade hatte auch bei den Azteken einen sehr hohen Stellenwert. Der Genuss blieb dem Königshaus, dem Adel und hohen Würdenträgern, sowie den Fernhandelskaufleuten und Kriegern vorbehalten. Der Kakao diente aber nicht nur als Genussmittel, sondern er wurde auch als Zahlungsmittel verwendet. Welchen Wert eine Kakaobohne zur Zeit des Aztekenreiches hatte, ist nicht überliefert. Wir wissen aber, dass die Azteken, die keine Waagen kannten, den Wert der Waren nie nach Gewicht, sondern nach Stückzahl berechneten. Aus dem Jahre 1545 ist uns allerdings eine Preisliste verschiedener Waren überliefert. Daraus ein Auszug:

- Ein Truthahn hat einen Wert von 200 Kakaobohnen.
- Ein Hase oder Waldkaninchen ist je 100 Kakaobohnen wert.
- Eine große Tomate entspricht dem Wert einer Kakaobohne.
- In Maishülsen gewickelter Fisch ist drei Kakaobohnen wert.

Zahlungsmittel werden heutzutage immer wieder gefälscht, so ist es nicht verwunderlich, dass auch die Währung „Kakaobohne“ manipuliert wurde. Man ließ die Bohnen z. B. in Wasser aufquellen oder gab ihnen künstlich eine aschgraue oder fahlrote Farbe, denn dieses war die Farbe der edelsten Kakaosorten. Das Fälschertalent der Azteken war so ausgeprägt, dass sie nach der Eroberung durch die Spanier mit der Nachahmung von Zahlungsmitteln weitermachten. Sie begannen deren Gold- und Silberwährung zu fälschen. Da die Azteken, ein Kriegervolk, nicht über eigene Anbaugebiete verfügten, konnte der Kakao nur über Abgaben und Handel ins Land gebracht werden. Dabei kam den Fernhandelskaufleuten eine besondere Rolle zu. Sie sorgten dafür, dass genug Kakao aus den reichen Anbaugebieten in die Hauptstadt Tenochtitlán floss. Dazu trieben sie regen Handel vor allem mit den Maya in der Chontalpa-Region, wo eines der Hauptanbauzentren und mit Xicallanco eine der wichtigsten Handelsstädte lag. Ein weiteres für seine großen Erträge und guten Qualitäten bekanntes Gebiet war Xoconochco, das heutige Soconusco. Dieses Gebiet war den Azteken so wichtig, dass ihr Herrscher Ahuitzolts (1486-1502) es eroberte, um die Versorgung mit Kakao durch Abgaben sicherzustellen. Das Gebiet Xoconochco galt bereits vor den Azteken und noch lange nach ihnen als eines der wichtigsten Anbaugebiete mit dem besten Kakao. Kakao hatte aber nicht nur als Genuss- und Zahlungsmittel eine hohe Bedeutung, er spielte auch in der Religion und in den Ritualen der Azteken eine wichtige Rolle. Kakaobaum und Kakaofrucht finden sich in zahlreichen Darstellungen der Azteken wieder.

| D | Name: ______________________ | Datum: ______________________ | |
|---|---|---|---|

## Schokolade bei den Maya und den Azteken

1. Ordne die folgenden Überschriften den einzelnen Textabschnitten zu. Notiere die Zeilen. (KS I)

   ____________ Verwendung der Schokolade bei den Maya

   ____________ Die Schaumerzeugung bei Schokolade

   ____________ Die große Bedeutung der Kakaobohne bei den Maya

   ____________ Eine bedeutende Grabbeigabe

   ____________ Die Kakaobohne hat einen hohen Stellenwert bei den Azteken

   ____________ Wert der Kakaobohne

   ____________ Azteken waren großartige Fälscher

   ____________ Handel mit den wertvollen Bohnen

   ____________ Eroberungszug in Xoconochco

   ____________ Kakaofrucht in der Religion

2. Kreuze die richtigen Antworten an. (KS II)

   Wie wurde Schokolade bei den Maya verwendet?

   ☐ Schokolade wurde in Tafelform gegessen.

   ☐ Schokolade wurde getrunken.

   ☐ Bei der Zubereitung von Speisen verwendeten die Maya Kakao, der herrlich süß schmeckte.

   ☐ Kakao wurde bei Fieber und weiteren Beschwerden eingesetzt.

3. Was wurde den Verstorbenen als Grabbeigabe mitgegeben? (KS I)

   ______________________________________________________________

4. Wem war Kakao bei den Maya und Azteken vorbehalten? (KS II)

   ______________________________________________________________

   ______________________________________________________________

5. Dem Getränk wurde von den Maya etwas nachgesagt. (KS I)

   ______________________________________________________________

6. Kreuze an, ob die Aussage zutrifft. (KS II)

   Schokolade bei den Azteken

| | | |
|---|---|---|
| • Schokolade hatte bei den Azteken keinen hohen Stellenwert. | ☐ Ja | ☐ Nein |
| • Kakao wurde als Zahlungsmittel verwendet. | ☐ Ja | ☐ Nein |
| • Die Tomate hat den geringsten Kakaobohnenwert. | ☐ Ja | ☐ Nein |
| • Die Währung Kakaobohnen konnte nicht gefälscht werden. | ☐ Ja | ☐ Nein |
| • Die Azteken waren ein Kriegervolk. | ☐ Ja | ☐ Nein |
| • Xoconochco heißt heute Soconusco. | ☐ Ja | ☐ Nein |
| • Kakao spielte in der Religion keine Rolle. | ☐ Ja | ☐ Nein |

| D | Lösung | | |
|---|---|---|---|

## Schokolade bei den Maya und den Azteken

1. Ordne die folgenden Überschriften den einzelnen Textabschnitten zu. Notiere die Zeilen. (KS I)

| | |
|---|---|
| **2 - 7** | Verwendung der Schokolade bei den Maya |
| **7 - 11** | Die Schaumerzeugung bei Schokolade |
| **11 - 16** | Die große Bedeutung der Kakaobohne bei den Maya |
| **16 - 17** | Eine bedeutende Grabbeigabe |
| **19 - 24** | Die Kakaobohne hat einen hohen Stellenwert bei den Azteken |
| **24 - 29** | Wert der Kakaobohne |
| **30 - 35** | Azteken waren großartige Fälscher |
| **35 - 42** | Handel mit den wertvollen Bohnen |
| **42 - 45** | Eroberungszug in Xoconochco |
| **45 - 48** | Kakaofrucht in der Religion |

2. Kreuze die richtigen Antworten an. (KS II)

Wie wurde Schokolade bei den Maya verwendet?

☐ Schokolade wurde in Tafelform gegessen.

☒ Schokolade wurde getrunken.

☐ Bei der Zubereitung von Speisen verwendeten die Maya Kakao, der herrlich süß schmeckte.

☒ Kakao wurde bei Fieber und weiteren Beschwerden eingesetzt.

3. Was wurde den Verstorbenen als Grabbeigabe mitgegeben? (KS I)

**Ihm wurde ein Gefäß zur Einnahme von Kakao als Grabbeigabe mitgegeben.**

4. Wem war Kakao bei den Maya und Azteken vorbehalten? (KS II)

**Kakao war dem Königshaus, dem Adel, hohen Würdenträgern, Fernhandelskaufleuten und Kriegern vorbehalten.**

5. Dem Getränk wurde von den Maya etwas nachgesagt. (KS I)

**Dem Getränk wurden magische Kräfte nachgesagt.**

6. Kreuze an, ob die Aussage zutrifft. (KS II)

Schokolade bei den Azteken

| | | |
|---|---|---|
| • Schokolade hatte bei den Azteken keinen hohen Stellenwert. | ☐ Ja | ☒ Nein |
| • Kakao wurde als Zahlungsmittel verwendet. | ☒ Ja | ☐ Nein |
| • Die Tomate hat den geringsten Kakaobohnenwert. | ☒ Ja | ☐ Nein |
| • Die Währung Kakaobohnen konnte nicht gefälscht werden. | ☐ Ja | ☒ Nein |
| • Die Azteken waren ein Kriegervolk. | ☒ Ja | ☐ Nein |
| • Xoconochco heißt heute Soconusco. | ☒ Ja | ☐ Nein |
| • Kakao spielte in der Religion keine Rolle. | ☐ Ja | ☒ Nein |

| D | Name: ____________________ | Datum: ____________________ | |
|---|---|---|---|

7. Was fanden die Maya und Azteken an der Schokolade besonders köstlich? (KS II)

8. Wie wurde die Kakaobohne gefälscht? (KS II)

9. Wessen Währung fälschten die Azteken noch? (KS II)

10. Woran erkennst du, dass Kakaobaum und Kakaofrucht in der Religion der Azteken eine große Rolle spielten? (KS III)

11. Wie viele Kakaobohnen musste man 1554 für zwei Hasen, einen Truthahn und eine Tomate zahlen? (KS II)

12. Was ist auf der Abbildung rechts zu sehen? Streiche die falschen Angaben durch. (KS III)

Cocastrauch - Kakaobohnen - Walnüsse - Erdnüsse - Kakaobaum - Kaffeebohnen - Kürbisse

13. Es sind keine Europäer auf dem Bild dargestellt. Woran erkennst du das? (KS IV)

14. Betrachte das Bild auf dem 1. Textblatt. Was wurde mit der Kakaobohne gemacht? (KS V)

15. Betrachte das Bild links. Auf welchem Kontinent lebten die Maya und Azteken? (KS V)

16. Was zeigt das Bild auf dem 2. Textblatt? (KS V)

| D | Lösung | | |
|---|---|---|---|

7. Was fanden die Maya und Azteken an der Schokolade besonders köstlich? (KS II)

**Den Schaum fanden sie besonders köstlich.**

8. Wie wurde die Kakaobohne gefälscht? (KS II)

**Bohnen wurden in Wasser gequellt und bekamen künstliche Farbe.**

9. Wessen Währung fälschten die Azteken noch? (KS II)

**Die Azteken fälschten die Währung der Spanier.**

10. Woran erkennst du, dass Kakaobaum und Kakaofrucht in der Religion der Azteken eine große Rolle spielten? (KS III)

**Es gibt zahlreiche Darstellungen, auf denen Kakaobaum und Kakaofrucht zu sehen sind.**

11. Wie viele Kakaobohnen musste man 1554 für zwei Hasen, einen Truthahn und eine Tomate zahlen? (KS II)

**1554 musste man für zwei Hasen, einen Truthahn und eine Tomate 401 Kakaobohnen zahlen.**

12. Was ist auf der Abbildung rechts zu sehen? Streiche die falschen Angaben durch. (KS III)

~~Cocastrauch~~ - Kakaobohnen - ~~Walnüsse~~ - ~~Erdnüsse~~ - ~~Kakaobaum~~ - ~~Kaffeebohnen~~ - ~~Kürbisse~~

13. Es sind keine Europäer auf dem Bild dargestellt. Woran erkennst du das? (KS IV)

**Die Menschen tragen keine europäische Kleidung, sondern nun einen Lendenschurz und einen Kopfschmuck. Zudem ist ihre Hautfarbe sehr dunkel.**

14. Betrachte das Bild auf dem 1. Textblatt. Was wurde mit der Kakaobohne gemacht? (KS V)

**Die Kakaobohnen wurden getauscht, gekocht und zerstampft.**

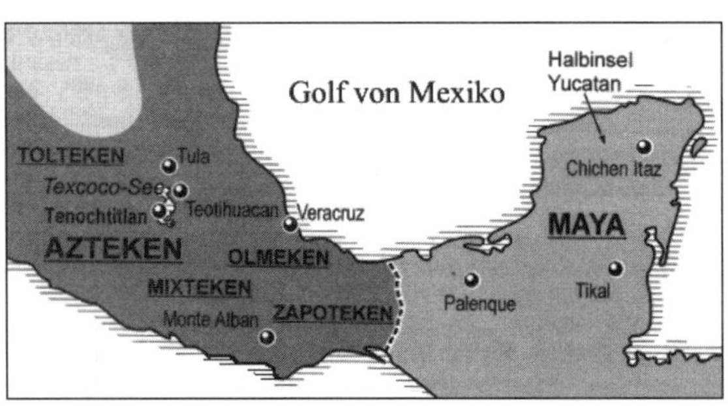


15. Betrachte das Bild links. Auf welchem Kontinent lebten die Maya und Azteken? (KS V)

**Maya und Azteken lebten in Mittelamerika, dem heutigen Mexiko.**

16. Was zeigt das Bild auf dem 2. Textblatt? (KS V)

**Die Azteken waren ein kriegerisches Volk, deren Religion wie auch die anderer mittelamerikanischer Kulturen Menschenopfer forderte, um den Lauf der Sonne und den Fortbestand der Welt zu sichern. Je nach Gottheit wurden Krieger, Sklaven, Kinder, später auch – wie auf dem Bild zu sehen – Konquistadoren geopfert. Meist waren es jedoch Kriegsgefangene. Viele wurden beispielsweise verbrannt, gehäutet oder mit Pfeilen durchbohrt.**

| D | Name: ______________________ | Datum: ______________ | |
|---|---|---|---|

# Das Olympische Feuer und der Fackellauf

## Das Feuer

Im Rahmen der Spiele der Neuzeit verkörpert das Olympische Feuer die positiven Werte, die der Mensch diesem Element von jeher zuschreibt. Die Reinheit des Feuers wird dadurch gewährleistet, dass es auf ganz besondere Art und Weise mithilfe der Sonnenstrahlen entzündet wird. Dass der Fackellauf seinen Anfang in Olympia nimmt, entspricht dem Wunsch, eine symbolische Verbindung zwischen den Olympischen Spielen des Altertums und jenen der Neuzeit herzustellen und so ihre enge Verbindung zu betonen.

## Der Fackellauf

Das Olympische Feuer wird in einem Fackellauf bis zum Ziel getragen. Normalerweise sind die Läufer zu Fuß unterwegs, doch sind auch andere Transportmittel möglich. Während der Flugetappen wird das Feuer in einer Sicherheitslampe, nachts in einer speziellen Schale aufbewahrt. Auf seinem Weg kündigt das Feuer die Olympischen Spiele an und vermittelt eine Botschaft des Friedens und der Verbundenheit der Völker.

## Im Stadion

Der Höhepunkt jeder Eröffnungszeremonie der Olympischen Spiele ist die Ankunft des Olympischen Feuers im Stadion. Der Name des letzten Läufers wird bis zum Schluss geheim gehalten. Oft handelt es sich um eine bekannte Persönlichkeit aus der Welt des Sports oder einen Jugendlichen, der den Glauben an die Zukunft verkörpert. Nicht selten dreht der letzte Läufer im Stadion eine Runde und entzündet dann mit seiner Fackel das Olympische Feuer in einer riesigen Schale. Danach wird ein Taubenschwarm losgelassen als Symbol dafür, dass die Spiele in friedlicher Atmosphäre verlaufen sollen. Das Olympische Feuer brennt während der ganzen Dauer der Spiele und wird erst im Rahmen der Schlusszeremonie gelöscht.

## Originalität der Transportmittel

Traditionsgemäß wird der Fackellauf zu Fuß absolviert (in Berlin 1936, London 1948 und Moskau 1980 kamen keine anderen Transportmittel zum Einsatz). Zu Beginn wurden hauptsächlich Sportler als Läufer ausgewählt. Nach und nach nahm aber auch die breite Öffentlichkeit daran teil. Da die Olympischen Spiele bald in allen Teilen der Welt stattfanden, musste das Olympische Feuer im Flugzeug reisen. Mit der Zeit wurden die Transportmittel immer vielfältiger. Dies nicht nur aus praktischen Gründen, sondern auch, um die Besonderheiten der durchquerten Gebiete gebührend zur Geltung zu bringen.

## Das Olympische Feuer im Schnee

Das Feuer wurde auf der gesamten Strecke von norwegischen Skilegenden von ihren Nachkommen getragen (Oslo 1952). Bei Inuvik überquerte das Olympische Feuer den Polarkreis und wurde teilweise per Skibob und Motorschlitten transportiert (Calgary 1988).

## Das Olympische Feuer im, auf und unter Wasser

Im Meer vor Veracruz (Mexiko) brachten Schwimmer das Feuer vom Schiff Durango bis ans Ufer (Mexiko-Stadt 1968). – Ein Taucher schwamm durch den Hafen von Marseille und hielt die Fackel über Wasser (Grenoble 1968). – Die Fregatte Cataluña brachte das Olympische Feuer von Grie-

chenland nach Empuries in Spanien, Tor der griechischen Zivilisation auf der spanischen Halbinsel (um 600 v. Chr.). (Barcelona 1992) Ein Taucher transportierte das Feuer unter Wasser über das Great Barrier Reef. (Sydney 2000)

**Das Olympische Feuer in der Luft, durch die Luft und im Weltraum**

Das Feuer wurde erstmals im Flugzeug transportiert (Oslo 1952). – Mit Überschallgeschwindigkeit reiste das Feuer von Athen nach Paris – in einer Concorde (Albertville 1992). Um die Wunder der Technik hervorzuheben, realisierten die Kanadier die Übertragung des Feuers via Satellit von Athen nach Ottawa (Montreal 1976). – Erstmals in der Geschichte der Olympischen Spiele fand die Fackelübergabe zwischen zwei Fallschirmspringern statt. Auch die Ankunft im Stadion war spektakulär: ein Skispringer trug sie während seines Sprungs (Lillehammer 1994). Nicht minder eindrücklich war die Reise der Fackel (nicht aber des Feuers) in den Weltraum – getragen von Astronauten (Atlanta 1996 and Sydney 2000).

**Das Olympische Feuer hoch zu Ross ... und zu Kamel**

Um hervorzuheben, dass die Reitsportwettbewerbe von den übrigen Olympischen Wettkämpfen in Melbourne getrennt in Stockholm ausgetragen wurden, transportierten Reiter das Feuer auf seinem ganzen Weg zu Pferd in die schwedische Hauptstadt (Melbourne/Stockholm 1956). Da ein Teil des Fackellaufs der Geschichte des Poy-Express' gewidmet war, spielten Pferde erneut eine zentrale Rolle (Atlanta 1996). – Für die Durchquerung der australischen Wüste für Sydney 2000 wurden sie dann durch Kamele ersetzt (Sydney 2000).

**Das Olympische Feuer im Wilden Westen**

Die Transportmittel, die zum Einsatz kamen, erinnerten an große Momente der amerikanischen Geschichte. So reiste die Fackel in einem indianischen Kanu, auf einem Mississippi-Dampfer und in einem Wagen der Union Pacific, der ersten transkontinentalen Eisenbahnlinie (Atlanta 1996).

**Fackeln und Design**

**Technologische und ästhetische Wunderwerke**

Für jede Neuauflage der Olympischen Spiele wird eine neue Fackel entworfen, die sehr hohen technischen und ästhetischen Anforderungen entsprechen muss.

**Technische Details einer Olympischen Fackel**

Die Olympische Fackel muss strenge technische Auflagen erfüllen. Während des Fackellaufs darf das Feuer nie erlöschen. Die Fackel muss schwierigen Wetterbedingungen wie Wind, Regen, Schnee oder extremer Hitze widerstehen. Zudem muss sie eine Brenndauer gewährleisten, die für die Etappe eingerechnete Zeit übertrifft, da der Läufer auf der Strecke auf Probleme stoßen könnte. 1936 wurden im Rahmen der Vorbereitungen des ersten Fackellaufs für die Ermittlung des geeignetsten Modells und Brennstoffs verschiedene Tests durchgeführt. Von Magnesium über Schwarzpulver und Harz bis Olivenöl wurden zahlreiche Substanzen verwendet, um das Olympische Feuer zu nähren. Heute wird meist eine Gaspatrone in die Fackel integriert. Je nach Gasart verändern sich die Farbe (von weiß bis gelb-rot) und die Intensität der Flamme.

D Name: ______________________ Datum: ______________________

## Das Olympische Feuer und der Fackellauf

1. Kreuze richtige Aussagen an. (KS I)
Im vorliegenden Text geht es um ...
☐ die Entzündung des Olympischen Feuers.
☐ den Fackellauf.
☐ die Geheimhaltung des Namens des ersten Läufers.
☐ die Auswahl von Schülern zum Fackellauf.
☐ die verschiedenen Arten, das Feuer zu transportieren.
☐ die blaue Flammenfärbung.

2. Das Bild links zeigt die Entzündung des Olympischen Feuers. Erkläre. (KS II)

______________________________

______________________________

3. Welche Botschaft vermittelt das Olympische Feuer? (KS I)

______________________________

4. Der Transport des Feuers fand traditionsgemäß ______________________ statt. (KS I)

5. Warum musste das Olympische Feuer später auch im Flugzeug reisen? (KS II)

______________________________

______________________________

6. Richtig oder falsch? Das Olympische Feuer brennt im Flugzeug und nachts nicht. (KS II)

______________________________

______________________________

7. Die Transportmittel des Feuers sind originell. Ordne sie aus dem Text richtig zu. (KS III)

Calgary ______________________________

Mexiko-Stadt ______________________________

Sydney ______________________________

Oslo ______________________________

Lillehammer ______________________________

Melbourne/Stockholm ______________________________

8. Erstelle eine chronologische Reihenfolge der im Text genannten Orte, durch die die Fackel getragen wurde. (KS III)

______________________________

______________________________

______________________________

| D | Lösung | | |
|---|---|---|---|

## Das Olympische Feuer und der Fackellauf

1. Kreuze richtige Aussagen an. (KS I)
Im vorliegenden Text geht es um ...

☒ die Entzündung des Olympischen Feuers.
☒ den Fackellauf.
☐ die Geheimhaltung des Namens des ersten Läufers.
☐ die Auswahl von Schülern zum Fackellauf.
☒ die verschiedenen Arten, das Feuer zu transportieren.
☐ die blaue Flammenfärbung.

2. Das Bild links zeigt die Entzündung des Olympischen Feuers. Erkläre. (KS II)
**Das Feuer wird mithilfe der Sonnenstrahlen entzündet.**

3. Welche Botschaft vermittelt das Olympische Feuer? (KS I)
**Es vermittelt die Botschaft des Friedens und der Verbundenheit der Völker.**

4. Der Transport des Feuers fand traditionsgemäß **zu Fuß** statt. (KS I)

5. Warum musste das Olympische Feuer später auch im Flugzeug reisen? (KS II)
**Da die Olympischen Spiele bald in allen Teilen der Welt stattfanden, musste das Feuer auch im Flugzeug reisen.**

6. Richtig oder falsch? Das Olympische Feuer brennt im Flugzeug und nachts nicht. (KS II)
**Falsch! Im Flugzeug brennt es in einer Sicherheitslampe und nachts in einer speziellen Schale.**

7. Die Transportmittel des Feuers sind originell. Ordne sie aus dem Text richtig zu. (KS III)

| | |
|---|---|
| Calgary | **Skibob und Motorschlitten** |
| Mexiko-Stadt | **Schwimmer** |
| Sydney | **Taucher** |
| Oslo | **Flugzeug** |
| Lillehammer | **Skispringer** |
| Melbourne/Stockholm | **Reiter zu Pferd** |

8. Erstelle eine chronologische Reihenfolge der im Text genannten Orte, durch die die Fackel getragen wurde. (KS III)
**1936 Berlin, 1948 London, 1952 Oslo, 1956 Melbourne/Stockholm, 1968 Mexiko-Stadt/Grenoble, 1976 Montreal, 1980 Moskau, 1988 Calgary, 1992 Barcelona/Albertville, 1994 Lillehammer, 1996 Atlanta, 2000 Sydney,**

| D | Name: ______________________ | Datum: ______________________ |
|---|---|---|

9. Diese Sehenswürdigkeiten stehen in Städten, die das Olympische Feuer bereist hat. Nenne die Städte. (KS III)

① ______________

② ______________

③ ______________

10. Erkläre warum die Fackel den höchsten technologischen Ansprüchen genügen muss. (KS V)

______________________________________________

______________________________________________

11. Woher hat das Olympische Feuer seinen Namen? (KS V)

______________________________________________

______________________________________________

12. Welche Kontinente hat das Olympische Feuer laut Text und Karte schon bereist? (KS V)

______________________________________________

______________________________________________

13. Beschreibe mithilfe der Karte den Weg des Olympischen Feuers 2008 von Athen aus. (KS V)

______________________________________________

______________________________________________

______________________________________________

______________________________________________

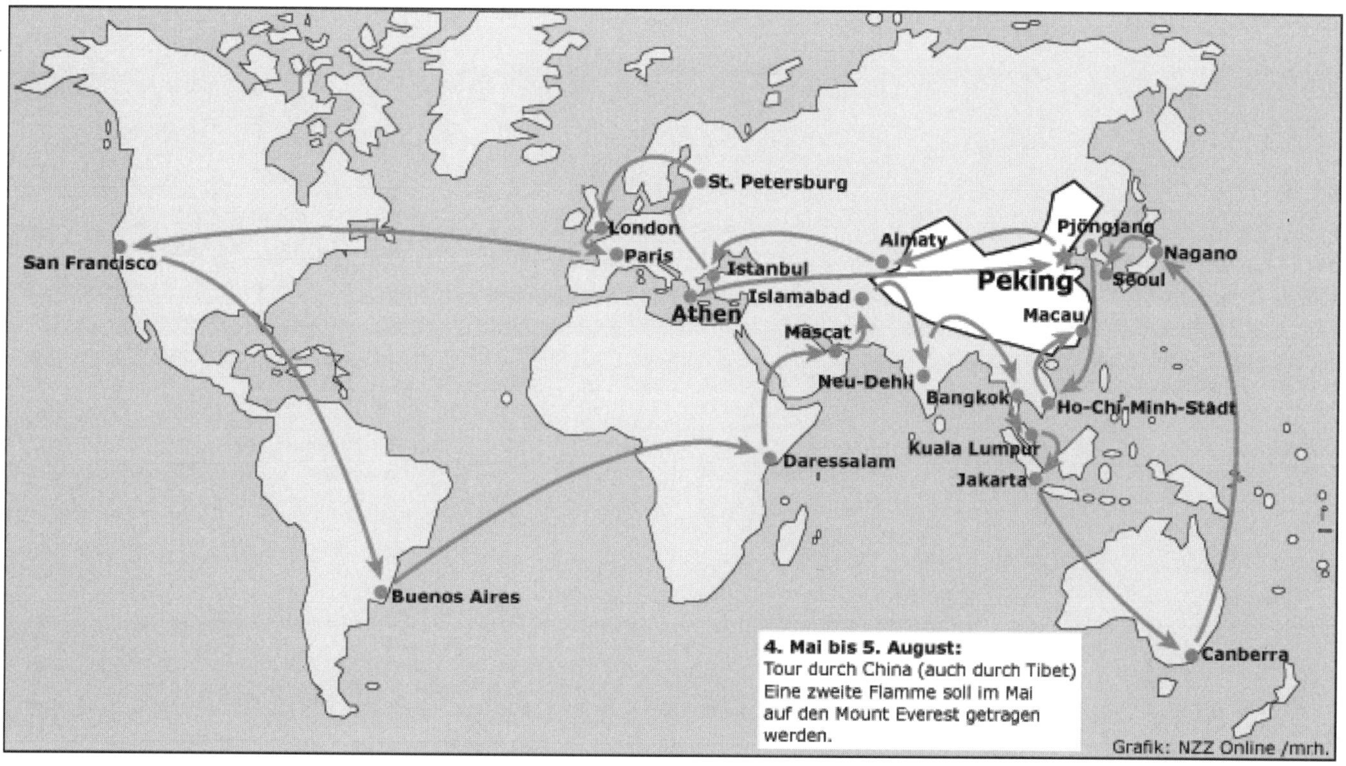

| D | Lösung | | |
|---|---|---|---|

9. Diese Sehenswürdigkeiten stehen in Städten, die das Olympische Feuer bereist hat. Nenne die Städte. (KS III)

① **Paris**

② **Sydney**

③ **London**

10. Erkläre warum die Fackel den höchsten technologischen Ansprüchen genügen muss. (KS V)

**Die Fackel darf während des Laufes nicht erlöschen und muss Wind, Regen, Schnee oder extremer Hitze widerstehen.**

11. Woher hat das Olympische Feuer seinen Namen? (KS V)

**Der Fackellauf nimmt seinen Anfang in Olympia, das zeigt die Verbindung zwischen den Spielen von Altertzum und Neuzeit.**

12. Welche Kontinente hat das Olympische Feuer laut Text und Karte schon bereist? (KS V)

**Amerika (Nord- und Südamerika), Afrika, Europa, Asien, Australien - also alle fünf Kontinete der Erde.**

13. Beschreibe mithilfe der Karte den Weg des Olympischen Feuers 2008 von Athen aus. (KS V)

**Athen - Peking - Almaty - Istanbul - St. Petersburg - London - Paris - San Francisco - Buenos Aires - Daressalam - Mascat - Islamabad - Neu-Delhi - Bangkok - Kuala Lumpur - Jakarta - Canberra - Nagano - Seoul - Pjöngjang - Ho-Chi-Minh-Stadt - Macau - Peking**

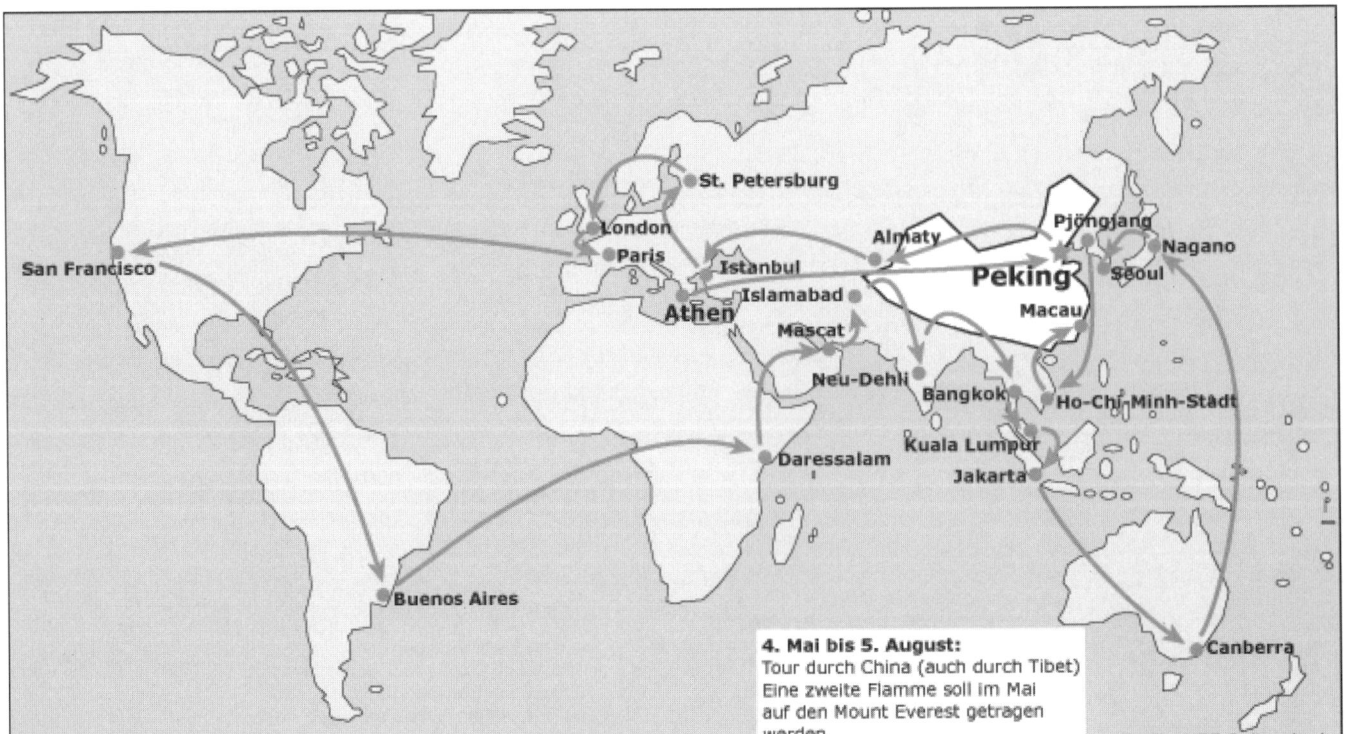

| D | Name: ______________________________ | Datum: ______________________ |
|---|---|---|

## Tornados

In nahezu allen Gegenden der Erde können sich im Bereich kräftiger Schauer und Gewitter Tornados bilden, die in den USA auch Twister (twist = drehen) und im deutschsprachigen Raum oft Windhosen genannt werden. Ein Tornado ist ein kleinräumiger Wirbel mit senkrechter Drehachse, der von einer Schauer- oder Gewitterwolke bis zum Boden reicht. Das Kennzeichen eines Tornados ist der rüsselförmige Schlauch. Wo er den Boden berührt, kann er teilweise völlige Zerstörung bringen. Dabei muss der Wirbel nicht durchgängig sichtbar sein.
Im Gegensatz zu den tropischen Wirbelstürmen bilden sich Tornados über Land und über Wasser. Die horizontale Ausdehnung von Tornados beträgt nur etwa zwanzig bis einige hundert Meter. Die Schadensspur ist dabei eng begrenzt. Im Alllgemeinen liegt die Lebensdauer von Tornados nur bei wenigen Minuten und seine Bahn erstreckt sich über wenige Kilometer. Die durchschnittliche Zuggeschwindigkeit liegt bei etwa 50 km/h. Der Wirbel kann aber auch stillstehen oder sich mit deutlich höherer Geschwindigkeit fortbewegen. Seit den 1970er-Jahren werden Tornados nach ihrer Stärke in sechs Stufen eingeteilt. Die sogenannte Fujita-Skala reicht von F0 (unter 118 km/h) bis F5 (über 420 km/h). Man ordnet angerichtete Schäden den einzelnen Stufen zu und erhält damit eine Aussage über die Stärke eines Tornados. Gefährlich sind Tornados dabei nicht nur durch die hohen Windgeschwindigkeiten. Umherfliegende Trümmer von Kleinteilen bis hin zu Autos, LKWs und zerlegte Häuser werden zudem zu äußerst gefährlichen Geschossen. Am häufigsten treten Tornados in der sogenannten „Tornado Alley“ im Mittleren Westen der USA auf. Hier kommen sie besonders im Frühjahr fast täglich vor. Zwischen 1916 und 1950 wurden in den USA durchschnittlich 50 Tornados im Jahr registriert. Inzwischen sind es etwa 1200 pro Jahr. Die Zahlen schwanken allerdings stark von Jahr zu Jahr. Der Hauptgrund für die Zunahme ist darin zu suchen, dass heutzutage einfach mehr Tornados beobachtet werden. Zum einen ist das Thema in aller Munde und die Beobachtungssysteme werden immer besser. Zum anderen können heutzutage durch Radargeräte und durch die sogenannten Tornadojäger, die meist in ihrer Freizeit nach Tornadoschläuchen Ausschau halten, immer mehr der kleinräumigen Wirbel aufgespürt werden. Dazu kommt die zunehmende Verbreitung von Handys mit Kameras. Gleichzeitig werden die Warnungen vor Tornados in den USA immer besser. Sturmjäger melden ihre aktuellen Beobachtungen an den Wetterdienst. Wird ein Tornado beobachtet oder ist die Bildung eines solchen Wirbels sehr wahrscheinlich, dann erfolgt für einen lokal eng begrenzten Raum eine Tornadowarnung.
Mehrere Unternehmen bieten inzwischen Touren an, die man auch von Deutschland aus buchen kann. Erfahrene Sturmjäger versuchen mit kleinen Bussen die Reisenden an verdächtige Gewitterzellen heranzubringen und ein beeindruckendes Wetter- oder gar Tornadoerlebnis zu bieten.
Die Entstehung eines Tornados ist recht komplex. Hauptvoraussetzung ist feuchtwarme Luft, die in den USA häufig vom Golf von Mexiko nach Norden strömt. Weht dann noch in höheren Luftschichten ein starker Südwest- bis Westwind, dann ist die richtige Mischung für schwere Unwetter gegeben. In der feuchtwarmen Luft können sich vermehrt Gewitter bilden. Oft werden daraus auch sogenannte Superzellen – langlebige und kräftige Gewitter, die um eine senkrechte Achse rotie-

ren. Im Aufwindbereich eines solchen Gewitters kann sich der eng begrenzte Wirbel bilden, der manchmal die starken Zerstörungen anrichtet.
In Mitteleuropa verhindern Gebirge meist, dass solch extrem feuchte und warme Luftmassen direkt nach Deutschland gelangen. Daher sind die Superzellen bei uns nicht so häufig wie in den USA. Am bekanntesten sind die Tornados in Pforzheim im Jahr 1968, in Kiel 1973 sowie im Jahre 2004 in Micheln (Sachsen-Anhalt) und in Nordrhein-Westfalen. Allein am 18. Juli 2004 richteten hier zwei Tornados der Stärke F2 und F3 vom Niederrhein bis ins Ruhrgebiet Schäden von etwa 100 Millionen Euro an.
Tornados kommen in Mitteleuropa viel häufiger vor als bisher in der Literatur verbreitet wird: Pro Jahr treten von Frankreich bis nach Osteuropa mehrere hundert Tornados auf, davon einige Dutzend allein in Deutschland. Genaue Zahlen liegen aber für die meisten europäischen Staaten noch nicht vor. Erst nach und nach entstehen Statistiken für die einzelnen Länder. Ein Schwerpunkt mit einer Art „Tornado Alley“ erstreckt sich etwa von Nordfrankreich über Benelux und den Norden Deutschlands bis nach Polen und weiter nach Russland, sie ist aber nicht so deutlich ausgeprägt wie in den USA. Auch in nahezu allen anderen europäischen Staaten kommen Tornados vor. Schaut man sich die weltweite Verteilung an, so sind alle Kontinente betroffen – nur die Antarktis dürfte weitgehend tornadofrei sein. Besonders verheerende Tornados gibt es in Bangladesch, wo die Bedingungen mit feuchtwarmer Tropikluft für die Tornadoentstehung sehr günstig sind. Hier sind zahlreiche Fälle bekannt, in denen ganze Ortschaften zerstört wurden und hunderte Menschen ums Leben kamen.
Nach bisherigen Berichten ging man davon aus, dass bei uns in Deutschland nur selten ein Tornado vorkommt. Die Wirklichkeit sieht anders aus: Pro Jahr richten mehrere dutzend Tornados in Deutschland Schäden an. Etwa fünf bis zehn Tornados erreichen bei uns die Stufe F2 (ab 185 km/h) auf der Fujita-Skala. Im langjährigen Mittel muss etwa alle zwei Jahre mit einem Tornado der Stärke F3 und alle zwanzig Jahre mit einem F4-Tornado gerechnet werden. Ein F5-Tornado ist zumindest nach den bisher vorliegenden Daten ein Jahrhundertereignis. Bisher sind mindestens zwei Fälle in den Jahren 1764 (Mecklenburg) und 1800 (Sachsen) bekannt.
Ob es einen Zusammenhang zwischen der enormen Zunahme der Tornados in Deutschland seit einigen Jahren und der Klimaerwärmung gibt, ist noch völlig offen. Der größte Teil der Zunahme dürfte darauf zurückzuführen sein, dass einfach mehr Tornados beobachtet und gemeldet werden. Einige Wissenschaftler erwarten aber mit der weiteren Klimaerwärmung eine Zunahme lokaler Unwetter. Damit könnten auch vermehrt besonders starke Tornados auftreten. Bislang sind dies allerdings eher Vermutungen, denn genaue Zahlen hat bisher niemand.

| D | Name: ______________________ | Datum: ______________________ | |
|---|---|---|---|

## Tornados

1. Sieh dir die beiden Bilder auf den Textblättern genau an. Beschreibe das Aussehen des Tornados. (KS I)

2 Wie heißt der Tornado in Amerika? Übersetze den Ausdruck ins Deutsche. (KS I)

3. Nenne das Kennzeichen des Tornados und erkläre, was von diesem Kennzeichen ausgeht. (KS II)

4. Warum ist die „Schadensspur“, die ein Tornado nach sich zieht nur wenige Kilometer breit? (KS II)

5. Tornados sind nicht nur durch ihre Windgeschwindigkeit gefährlich. Erkläre. (KS II)

6. Erkläre in Stichworten, wie ein Tornado entsteht. Nimm die Grafik zu Hilfe. (KS III)

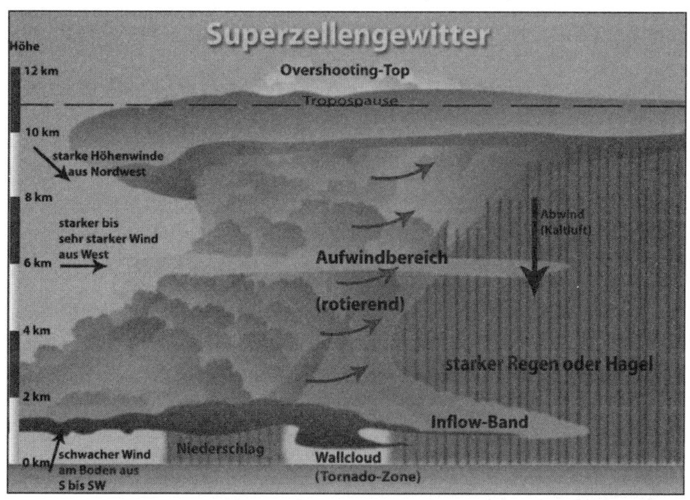


7. Es gibt vor allem in den USA einen sogenannten „Katastrophentourismus“. Erkläre, was damit gemeint ist. (KS III)

| D | Lösung | | |
|---|---|---|---|

# Tornados

1. Sieh dir die beiden Bilder auf den Textblättern genau an. Beschreibe das Aussehen des Tornados. (KS I)

**Aus einer sich drehenden mächtigen Wolkenschicht verläuft ein „Rüssel“ zum Boden, wo Staub u. A. eingesaugt wird.**

2 Wie heißt der Tornado in Amerika? Übersetze den Ausdruck ins Deutsche. (KS I)

**Twister (to twist = drehen)**

3. Nenne das Kennzeichen des Tornados und erkläre, was von diesem Kennzeichen ausgeht. (KS II)

**Das Kennzeichen eines Tormados ist der „Rüssel“. Durch ihn kommt es oft zu völliger Zerstörung der Natur.**

4. Warum ist die „Schadensspur“, die ein Tornado nach sich zieht nur wenige Kilometer breit? (KS II)

**Die horizontale Ausdehnung eines Tornados beträgt nur wenige Kilometer. Aus diesem Grund ist die „Schadensspur“ begrenzt.**

5. Tornados sind nicht nur durch ihre Windgeschwindigkeit gefährlich. Erkläre. (KS II)

**Umherfliegende Gegenstände wie z. B. Autos, Traktoren, Häuser und Einrichtungsgegenstände können zu gefährlichen Geschossen werden.**

6. Erkläre in Stichworten, wie ein Tornado entsteht. Nimm die Grafik zu Hilfe. (KS III)

**Feuchtwarme Luft strömt vom Atlantik und vom Golf von Mexiko in Richtung Florida und Texas in den Vereinigten Staaten. Starke Wind und Höhenwinde aus Westen und Nordwesten verursachen zusammen mit einem Abwind einen rotierenden Aufwindbereich. Außerhalb der Tornado-Zone regnet und hagelt es stark.**

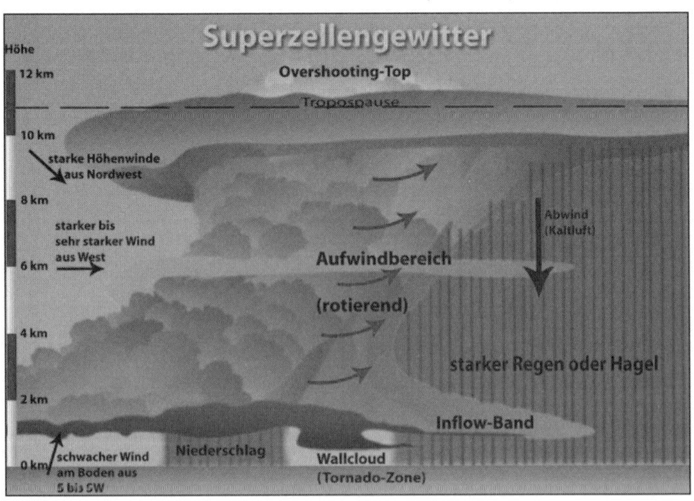


7. Es gibt vor allem in den USA einen sogenannten „Katastrophentourismus“. Erkläre, was damit gemeint ist. (KS III)

**Erfahrene Sturmjäger versuchen, Touristen mit Bussen an verdächtige Gewitterzellen heranzubringen.**

| D | Name: ______________________ | Datum: ______________ |
|---|---|---|

8. Zeichne die europäische „Tornado Alley“ in die Karte rechts ein. (KS IV)

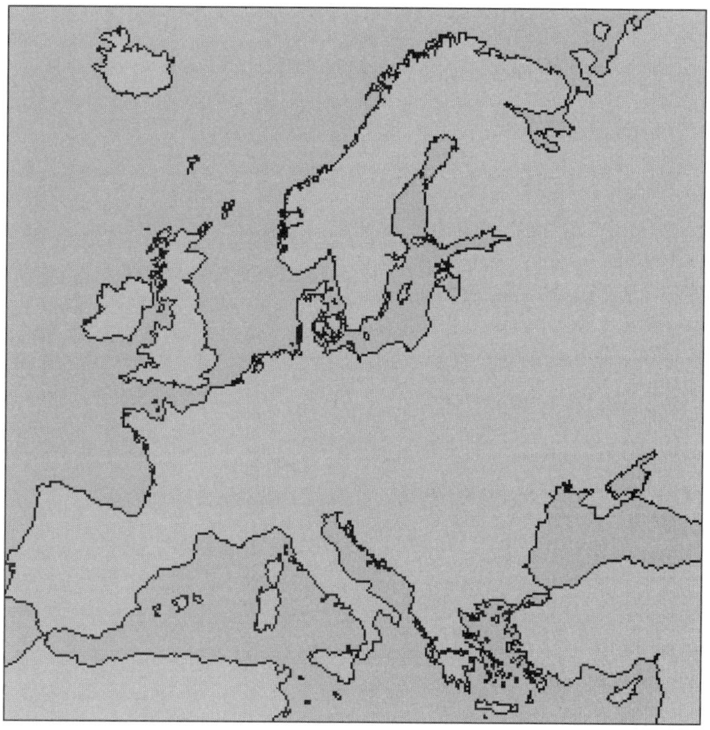

9. Welchen Wert auf der Fujita-Skala erreichen Tornados in Deutschland. (KS I)

______________________________

______________________________

______________________________

10. Nenne die erreichten Windgeschwindigkeiten in Deutschland. (KS IV)

______________________________

______________________________

______________________________

11. Eine Ursache für die Zunahme der Tornados könnte die Klimaveränderung sein. Nimm zu dieser Aussage Stellung. (KS V)

______________________________

______________________________

______________________________

______________________________

______________________________

______________________________

12. Was könnten Menschen tun, wenn sie von einem Tornado bedroht werden? (KS V)

a) kurzfristig:

______________________________

______________________________

b) langfristig:

______________________________

______________________________

13. Kennst du noch weitere Sturmarten? (KS V)

______________________________

______________________________

______________________________

______________________________

______________________________

______________________________

D Lösung

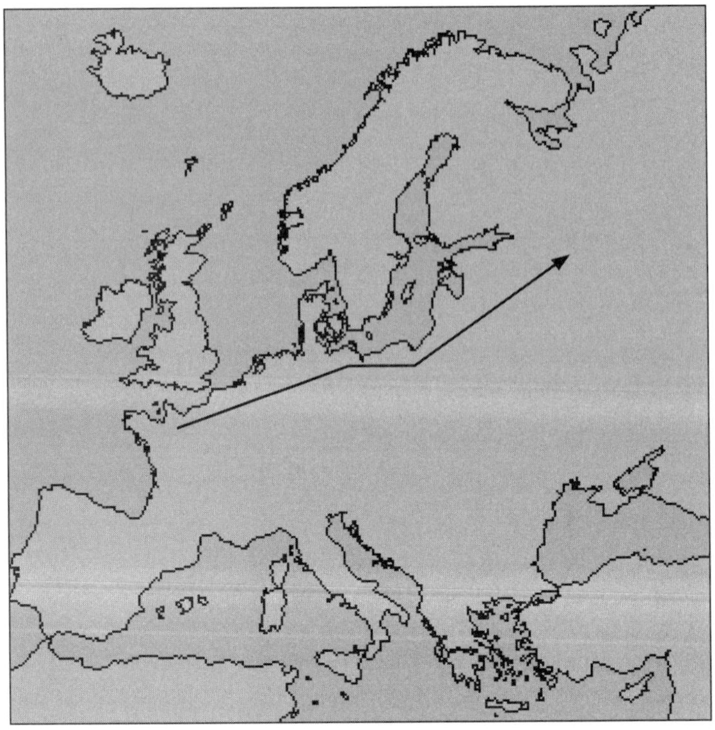

8. Zeichne die europäische „Tornado Alley" in die Karte rechts ein. (KS IV)

9. Welchen Wert auf der Fujita-Skala erreichen Tornados in Deutschland. (KS I)

**Sie erreichen einen Wert von F 5. Allerdings ist das ein höchst seltenes Ereignis.**

10. Nenne die erreichten Windgeschwindigkeiten in Deutschland. (KS IV)

**Bei F 5 beträgt die Windgeschwindigkeit über 450 km/h.**

11. Eine Ursache für die Zunahme der Tornados könnte die Klimaveränderung sein. Nimm zu dieser Aussage Stellung. (KS V)

**Es ist nicht eindeutig erwiesen, ob die Klimaerwärmung für die Zunahme von Tornados verantwortlich ist. Das vermehrte Auftreten lokaler Unwetter spricht auch für eine weitere Zunahme von Tornados.**

**Vielleicht denken die Menschen auch nur, dass es mehr Tornados gibt, weil Stürme grundsätzlich in der heutigen Zeit besser beobachtet und gemessen werden können.**

12. Was könnten Menschen tun, wenn sie von einem Tornado bedroht werden? (KS V)

a) kurzfristig:

- **Schutzraum aufsuchen oder zumindest das Haus nicht verlassen**
- **Bahn des Tornados beobachten und dann möglichst rasch ausweichen**

b) langfristig:

- **Schutzräume unter der Erde anlegen**
- **aus tornadogefährdeten Gebieten wegziehen**

13. Kennst du noch weitere Sturmarten? (KS V)

**Hurricane**
**Blizzards (Schneestürme)**
**Orkane**
**Taifune**
**Burans (Sandstürme)**
**Staubstürme**

| D | Name: ______________________ | Datum: ________________ | |
|---|---|---|---|

# Wie wird ein Vogel „Vogel des Jahres"?

Weißstorch (1984 und 1994) und Eisvogel (1973 und 2009) waren als einzige Arten zwei Mal Vogel des Jahres.

Wenn auch die Konkurrenz durch die Inflation verschiedenster Objekte des Jahres deutlich größer geworden ist, bleibt der erstmals 1971 bundesweit gekürte „Vogel des Jahres" das Original und untrennbar mit dem NABU (Naturschutzbund Deutschland e.V.) verbunden. Der Kormoran als Vogel des Jahres 2010 setzt als 40. „Vogel des Jahres" eine Tradition fort, die mit dem Wanderfalken begann und aus der sich eine beispiellose Erfolgsgeschichte entwickelte.
Damals wurde der Wanderfalke als kurz vor dem Aussterben stehende Art ausgewählt, und in der Folgezeit gab es einen Wechsel zwischen ebenfalls hoch bedrohten Arten wie dem Goldregenpfeifer oder dem Kranich und solchen Arten, denen Gruppen in praktischer Arbeit helfen konnten, etwa Steinkauz, Rauch- und Mehlschwalbe.

**Eine Kampagne im Wandel**
Später rückten mehr und mehr die Arten in den Vordergrund, die stellvertretend für einen Lebensraum standen, etwa der Schwarzspecht für Althölzer und der Große Brachvogel für Feuchtwiesen, oder an denen ein bestimmtes Thema abgehandelt werden konnte, wie die Jagd am Beispiel des Rebhuhns. Ein wichtiges Kriterium war zeitweise, dass ein oder mehrere Jahresvögel in die jeweiligen, mehrjährigen Kampagnen des NABU passten: für die Waldkampagne der Buntspecht, für die Landwirtschaftskampagne die Feldlerche und die Goldammer und für die Siedlungskampagne der Haussperling und der Mauersegler. Heute sollen möglichst folgende Kriterien erfüllt sein: bundesweite Bedeutung, allgemeine Bekanntheit und Sympathie, eine Beteiligungsmöglichkeit für die Bevölkerung, Aktionsmöglichkeiten für NABU-Gruppen sowie die Darstellbarkeit von Natur- oder Artenschutzproblemen. Dabei ist es aber kein Ausschlusskriterium, wenn einer der Punkte nicht erfüllt wird. Selten oder bedroht muss der „Vogel des Jahres" also nicht unbedingt sein, was nicht immer verstanden und oft falsch wiedergegeben wird. Es soll verhindert werden, dass häufige Arten diesen Gefährdungsstatus erlangen. Gewählt wird der Jahresvogel von einem Gremium, das sich aus dem NABU-Präsidium, den Landesvorsitzenden, den Sprechern der Bundesfachausschüsse, dem Vorstand der Naturschutzjugend und einem Vertreter des Landesbundes für Vogelschutz in Bayern (LBV) zusammensetzt.

**Erfassung der Arten**
Eine lange Tradition haben die Tagungen zum jeweiligen Jahresvogel, die bundesweit und zusätzlich auch regional abgehalten werden und aus denen viele wichtige Publikationen entstanden sind.

Höhepunkt der Jahresvogeltagungen war sicher die Tagung über den Rotmilan. Über 250 Vogelkundler aus dem In- und Ausland trafen sich in Kloster Arnsburg in Hessen. Mit dem Rotmilan wurde auch eine Neuerung eingeführt: Erstmals wurde in Zusammenarbeit mit dem Dachverband Deutscher Avifaunisten (DDA) der Bestand bundesweit erfasst. Seither geschieht dies bei selteneren Arten flächendeckend, bei häufigeren über Probeflächen und Hochrechnungen.

Graureiher 1970

Wanderfalke 1971

Kormoran 2010

1970 hatte es in Baden-Württemberg bereits mit dem Graureiher einen regionalen Vorläufer gegeben. Der Wanderfalke war 1971 erster bundesweiter Vogel des Jahres. Im Jahr 2010 wurde der Kormoran Vogel des Jahres.
Der Vogel des Jahres ist natürlich auch ein unverzichtbarerer Teil der Öffentlichkeitsarbeit des NABU geworden, wobei mit der Nachtigall 1995 der entscheidende Durchbruch gelang, denn sie schaffte den Sprung in die 20-Uhr-Tagesschau. Nach der Verkündung des Jahresvogels, die seit 1990 alljährlich auf einer Pressekonferenz in Berlin stattfindet, ist der NABU in allen Medien präsent. Dabei ragen einige spektakuläre Aktionen heraus, etwa im Buntspechtjahr 1997 das Markieren von Spechtbäumen mit Hilfe einer Schablone, um sie davor zu schützen gefällt, zu werden. Im Berliner Grunewald beteiligte sich auch die damalige Umweltministerin Angela Merkel an solch einer Kennzeichnung.

© http://www.nabu.de/nabu/nh/2010/1/11948.html

D Name: ______________________ Datum: ______________________

## Wie wird ein Vogel „Vogel des Jahres“?

1. Sieh dir die erste Abbildung an. Welche Vögel wurden bereits zweimal Vögel des Jahres? (KS I)

_______________________________________________

2. Wann wurde der „Vogel des Jahres“ bundesweit ins Leben gerufen? (KS I)

_______________________________________________

3. Welche Organisation setzt sich für den „Vogel des Jahres“ ein? (KS I)

_______________________________________________

4. Kreuze jeweils die richtige Antwort an.
   a) Früher wurde ein Vogel als „Vogel des Jahres“ ausgewählt, wenn ... (KS II)
      - ☐ vom Aussterben bedroht war.
      - ☐ ihm durch praktische Arbeit geholfen werden konnte.
      - ☐ ihm durch praktische Arbeit geholfen werden konnte oder er bedroht war.
      - ☐ er besonders schön aussah und bedroht war.
   b) Die Auswahl der Vögel wandelte sich. Heute wird ein Vogel gewählt, wenn ... (KS III)
      - ☐ er stellvertretend für einen Lebensraum steht.
      - ☐ er sich bundesweiter Bedeutung, allgemeiner Bekanntheit und Sympathie erfreut.
      - ☐ er sehr selten ist.
      - ☐ er in die NABU-Kampagne passt.
5. Warum werden nicht nur bedrohte Vogelarten ausgewählt? (KS III)

_______________________________________________

6. Welche Neuerungen traten im Jahr 2000 in Kraft? (KS III)

_______________________________________________

7. Mit welchem Vogel traten diese Neuerungen in Kraft? (KS I)

_______________________________________________

8. Nenne die Namen der vier abgebildeten Vögel. Sie stehen alle im Text. (KS V)

____________ ____________ ____________ ____________

D | Lösung

## Wie wird ein Vogel „Vogel des Jahres“?

1. Sieh dir die erste Abbildung an. Welche Vögel wurden bereits zweimal Vögel des Jahres? (KS I)

**Zweimal Vögel des Jahres waren bisher Weißstorch und Eisvogel.**

2. Wann wurde der „Vogel des Jahres“ bundesweit ins Leben gerufen? (KS I)

**Er wurde bundesweit 1971 ins Leben gerufen.**

3. Welche Organisation setzt sich für den „Vogel des Jahres“ ein? (KS I)

**Der NABU (Naturschutzbund Deutschland e. V.) setzt sich dafür ein.**

4. Kreuze jeweils die richtige Antwort an.

a) Früher wurde ein Vogel als „Vogel des Jahres“ ausgewählt, wenn ... (KS II)

- ☒ vom Aussterben bedroht war.
- ☐ ihm durch praktische Arbeit geholfen werden konnte.
- ☐ ihm durch praktische Arbeit geholfen werden konnte oder er bedroht war.
- ☐ er besonders schön aussah und bedroht war.

b) Die Auswahl der Vögel wandelte sich. Heute wird ein Vogel gewählt, wenn ... (KS III)

- ☐ er stellvertretend für einen Lebensraum steht.
- ☒ er sich bundesweiter Bedeutung, allgemeiner Bekanntheit und Sympathie erfreut.
- ☐ er sehr selten ist.
- ☐ er in die NABU-Kampagne passt.

5. Warum werden nicht nur bedrohte Vogelarten ausgewählt? (KS III)

**Alle Vogelarten sollen gar nicht erst Gefahr laufen, gefährdet zu werden.**

6. Welche Neuerungen traten im Jahr 2000 in Kraft? (KS III)

**Der Bestand wurde bundesweit erfasst.**

7. Mit welchem Vogel traten diese Neuerungen in Kraft? (KS I)

**Diese Neuerungen traten mit dem Rotmilan in Kraft.**

8. Nenne die Namen der vier abgebildeten Vögel. Sie stehen alle im Text. (KS V)

**Buntspecht**

**Goldammer**

**Steinkauz**

**Rauchschwalbe**

| D | Name: ______________________ | Datum: ______________ | |
|---|---|---|---|

## Wie wird ein Vogel „Vogel des Jahres“?

9. Wie wurde die Bevölkerung in den Jahren 1990 und 1995 auf den „Vogel des Jahres“ aufmerksam? (KS III)

10. Welche Vögel wurden in welchem Jahr schon „Vogel des Jahres“? Ordne zu. (KS III)

| 1994 | 2009 | 1970 | 2010 |
|---|---|---|---|
| | | | |

11. Erkläre den Satz: „Wenn auch die Konkurrenz durch die Inflation verschiedenster Objekte des Jahres größer geworden ist, bleibt der „Vogel des Jahres“ das Original und untrennbar mit dem NABU verbunden.“ (KS IV)

12. Kennst du weitere Objekte des Jahres? (KS V)

13. 1997 wurde ein besonderes Jahr ausgerufen. (KS I)

14. Warum schützt der NABU Bäume, wenn er einen Specht als „Vogel des Jahres“ auswählt? (KS V)

15. Welches Amt hatte Angela Merkel 1997 inne? (KS I)

16. Warum beteiligte sie sich wohl an dieser NABU-Aktion? (KS V)

17. Welches Amt hatte Angela Merkel im Jahr 2009 inne? (KS V)

| D | Lösung | | |
|---|---|---|---|

## Wie wird ein Vogel „Vogel des Jahres“?

9. Wie wurde die Bevölkerung in den Jahren 1995, 1990 und 1997 auf den „Vogel des Jahres“ aufmerksam? (KS III)

**Die Bevölkerung wurde 1995 durch die Tagesschau auf die Nachtigall aufmerksam. Schon ab 1990 wurden Vögel als „Vogel des Jahres“ in einer Pressekonferenz genannt.**

10. Welche Vögel wurden in welchem Jahr schon „Vogel des Jahres“? Ordne zu. (KS III)

| 1994 | 2009 | 1970 | 2010 |
|---|---|---|---|
| **Weißstorch** | **Eisvogel** | **Graureiher** | **Kormoran** |

11. Erkläre den Satz: „Wenn auch die Konkurrenz durch die Inflation verschiedenster Objekte des Jahres größer geworden ist, bleibt der „Vogel des Jahres“ das Original und untrennbar mit dem NABU verbunden.“ (KS IV)

**Es gibt immer mehr Objekte des Jahres, aber der „Vogel des Jahres“ ist das Original des NABU.**

12. Kennst du weitere Objekte des Jahres? (KS V)

**Auto des Jahres, Baum des Jahres, Blume des Jahres, Fisch des Jahres, Bilder des Jahres, Gerät des Jahres, Foto des Jahres**

13. 1997 wurde ein besonderes Jahr ausgerufen. (KS I)

**1997 wurde das Jahr des Buntspechts ausgerufen.**

14. Warum schützt der NABU Bäume, wenn er einen Specht als „Vogel des Jahres“ auswählt? (KS V)

**Die Bäume bieten Lebensraum und Schutz für die meisten Vögel, so auch für die Spechte. Spechte schädigen keine Bäume, sondern befreien sie von schädlichem Ungeziefer.**

15. Welches Amt hatte Angela Merkel 1997 inne? (KS I)

**Merkel war 1997 Umweltministerin im Kabinett Kohl.**

16. Warum beteiligte sie sich wohl an dieser NABU-Aktion? (KS V)

**Als Umweltministerin beteiligte sie sich an dieser Aktion, weil sie in dieser Position Vorbild sein musste.**

17. Welches Amt hatte Angela Merkel im Jahr 2009 inne? (KS V)

**Angela Merkel war von 2005 bis 2009 Bundeskanzlerin der Großen Koalition, seit 2009 ist sie Bundeskanzlerin der Gelb-Schwarzen Koalition.**

| D | Name: ______________________ | Datum: ______________ | |
|---|---|---|---|

# Martin Luther

## Aus einem Jugendlexikon

Luther, Martin, dt. Reformator, * Eisleben 10. November 1483, gest. ebd. 18. Februar 1546; Sohn eines Bergmanns. Er besuchte ab 1501 die Universität Erfurt und begann 1505 nach dem Magisterexamen mit dem Studium der Rechtswissenschaften, das er aber bald wieder abbrach. Auf dem Weg von Mansfeld nach Erfurt tat er in einem schweren Gewitter ein Gelübde „Hilf heilige Anna, ich will ein Mönch werden!" (Juli 1505). Zwei Wochen später trat er in das Kloster der Augustinereremiten in Erfurt ein und wurde 1507 zum Priester geweiht. Ab 1512 lehrte er als Doktor der Theologie und Professor an der Universität in Wittenberg.

Luther sah die christlichen Grundsätze in seiner Zeit vielfach missachtet, z. B. durch Ablasshändler, bei denen sich ein Sünder von der erwarteten Strafe Gottes durch Geld freikaufen zu können glaubte.

Am 31. Oktober 1517 veröffentlichte er 95 Thesen, in denen er dazu und zu anderen drängenden Fragen der Christenheit kritisch Stellung nahm. Luthers Lehre stellte den Einzelnen in ein neues Verhältnis zu Gott. Der Glaube allein und das Vertrauen in die Gerechtigkeit Gottes, der seinen Sohn in die Welt gesandt hat, bewirken nach Luther Gottes Gnade. Luther erklärte alle Getauften für gleich und frei in den Fragen des Glaubens, unabhängig auch von der Autorität des Papstes, die nur menschlich und darum fehlbar sei. Ausschließlich die Heilige Schrift sollte Maßstab seines christlichen Handelns sein, durch Tradition überlieferte Glaubenssätze lehnte Luther ab.

Luthers Thesen erregten in ganz Deutschland großes Aufsehen.

Er, der ursprünglich nur Reformen innerhalb der Kirche beabsichtigt hatte, wurde nun zur Auseinandersetzung mit der Kirche und dem Papst gezwungen (auch ↑Reformation). Über ihn wurde der Bann ausgesprochen, er wurde vor den Reichstag nach Worms (1521) geladen; dort lehnte er einen Widerruf seiner Lehre ab und verfiel der Reichsacht. Kurfürst Friedrich der Weise von Sachsen gewährt ihm jedoch Schutz und Asyl.

Zum Schein gefangen genommen, wurde Luther heimlich auf die Wartburg gebracht, wo er zehn Monate als „Junker Jörg" lebte.

Während dieser Zeit übersetzte er das Neue Testament in ein Deutsch, das alle Deutschen (die viele unterschiedliche Dialekte sprachen) verstehen sollten und das bald zur Grundlage für eine einheitliche Hochsprache in Deutschland wurde. Luther heiratete 1525 die frühere Nonne Katharina von Bora (1499–1552). Sein weiteres Leben widmete er dem Aufbau einer protestantischen Kirchenorganisation, bei der die fürstlichen Landesherren zugleich Oberste der Kirche wurden. Er verfasste viele Schriften, Kirchenordnungen und geistliche Lieder. Er erlebte nicht mehr, dass nach vielen Kämpfen 1555 im Augsburger Religionsfrieden Katholiken und Protestanten als gleichberechtigt anerkannt wurden.

**Reformation** (lat.) die, von Luther begründete religiöse Reformbewegung, die eine Erneuerung der Kirche anstrebte und später zur Bildung der protestantischen Kirche führte. Die Reformation wandte sich zuerst gegen innerkirchliche Missstände (z. B. den Ablasshandel). Sie strebte nach einer dem Evangelium gemäßen Kirche und erkannte in der göttlichen Gnade, wie sie die Bibel bezeugt, die einzige Möglichkeit der Rechtfertigung des Menschen vor Gott.

Aus: Meyers Jugend Lexikon, 2003

| D | Name: ____________________ | Datum: ____________________ | |
|---|---|---|---|

## Martin Luther

1. Wer war Martin Luther? (KS I)

____________________________________________

2. Stelle einen Steckbrief über sein Wirken zusammen. (KS II)

Name: ____________________

Name der Ehefrau: ____________________

geb. am: ____________ in: ____________

gest. am: ____________ in: ____________

1501: ____________________

Fach: ____________________

1505: ____________________

1507: ____________________

ab 1512: ____________________

3. Was bewegte Luther zu einer Änderung der Studienrichtung? Puzzle den Satz zusammen. (KS II)

Mönch zu Luther werden, überstünde wenn er ein unbeschadet schweres gelobte Gewitter.

____________________________________________

____________________________________________

4. Ergänze den Lückentext. Einige Wörter/Zahlen passen nicht. (KS II)

kritisch – Protestanten – freundlich – 99 – 31 – 95 – Christenheit – 13 – Katholiken

Am _____. Oktober 1517 veröffentlichte Luther ______ Thesen. Darin nahm er __________________ Stellung zu drängenden Fragen der __________________.

5. Was ist ein Ablasshändler? Erkläre den Begriff. (KS III)

____________________________________________

____________________________________________

Berühmt ist der Ausspruch von Johann Tetzel: „Sobald das Geld im Kasten klingt, die Seele in den Himmel springt."

D Lösung

# Martin Luther

1. Wer war Martin Luther? (KS I)

**Martin Luther war ein deutscher Reformator.**

2. Stelle einen Steckbrief über sein Wirken zusammen. (KS II)

Name: **Martin Luther**

Name der Ehefrau: **Katharina von Bora**

geb. am: **10. November 1483** in: **Eisleben**

gest. am: **18. Februar 1546** in: **Eisleben**

1501: **Universität Erfurt**

Fach: **Rechtswissenschaft**

1505: **Klostereintritt in Erfurt**

1507: **Weihe zum Priester**

ab 1512: **Dr. und Professor der Theologie/Wittenberg**

3. Was bewegte Luther zu einer Änderung der Studienrichtung? Puzzle den Satz zusammen. (KS II)

Mönch zu Luther werden, überstünde wenn er ein unbeschadet schweres gelobte Gewitter.

**Luther gelobte Mönch zu werden, wenn er ein schweres Gewitter unbeschadet überstünde.**

4. Ergänze den Lückentext. Einige Wörter/Zahlen passen nicht. (KS II)

kritisch – Protestanten – freundlich – 99 – 31 – 95 – Christenheit – 13 – Katholiken

Am **31**. Oktober 1517 veröffentlichte Luther **95** Thesen. Darin nahm er **kritisch** Stellung zu drängenden Fragen der **Christenheit**.

5. Was ist ein Ablasshändler? Erkläre den Begriff. (KS III)

**Ein Ablasshändler verkauft Ablassbriefe. So kommen die Käufer ohne richtige Beichte von den Sünden frei.**

Berühmt ist der Ausspruch von Johann Tetzel: „Sobald das Geld im Kasten klingt, die Seele in den Himmel springt."

| D | Name: ______________________ | Datum: ______________________ |
|---|---|---|

# Martin Luther

6. Luthers Lehre stellte den Einzelnen in ein neues Verhältnis zu Gott. Welcher Satz stimmt? Kreuze an. (KS IV)

☐ Die Gnade Gottes wird durch besonders hohe Ablasszahlungen erreicht.

☐ Gott ist den Menschen gnädig gegenüber, wenn sie auf den Papst vertrauen.

☐ Das Vertrauen in die Gerechtigkeit Gottes und der Glaube bewirken Gottes Gnade.

☐ Jeder Mensch sollte an sich glauben, das stimmt Gott gnädig.

7. Das Bild zeigt eine Szene, die sich 1521 ereignete. Was passierte? (KS V)

______________________

______________________

______________________

______________________

______________________

______________________

______________________

______________________

______________________

______________________

8. Als Folge floh Luther auf die Wartburg. Vervollständige die Sätze. (KS III)

• Was tat er dort?

Luther ______________________

______________________

• Warum tat er es?

Alle Deutschen ______________________

______________________

9. Der Text ist aus einem Lexikon. Schreibe folgende Abkürzungen aus. (KS IV)

• dt. ______________________ • ebd. ______________________

• lat. ______________________ • R. ______________________

10. Was bedeutet das Wort „Reformation"? Erläutere mit eigenen Worten. (KS V)

______________________

______________________

______________________

11. Luther erlebte den Augsburger Religionsfrieden 1555 nicht. Erkläre die Tragik. (KS V)

______________________

______________________

D Lösung

## Martin Luther

6. Luthers Lehre stellte den Einzelnen in ein neues Verhältnis zu Gott. Welcher Satz stimmt? Kreuze an. (KS IV)

☐ Die Gnade Gottes wird durch besonders hohe Ablasszahlungen erreicht.

☐ Gott ist den Menschen gnädig gegenüber, wenn sie auf den Papst vertrauen.

☒ Das Vertrauen in die Gerechtigkeit Gottes und der Glaube bewirken Gottes Gnade.

☐ Jeder Mensch sollte an sich glauben, das stimmt Gott gnädig.

7. Das Bild zeigt eine Szene, die sich 1521 ereignete. Was passierte? (KS V)

**Martin Luther wurde zum Reichstag nach Worms geladen und sollte dort seine Lehre widerrufen. Luther weigerte sich und so wurde die Reichsacht über ihn verhängt. Er war „vogelfrei". Jeder konnte ihn nun ungestraft töten.**

8. Als Folge floh Luther auf die Wartburg. Vervollständige die Sätze. (KS III)

• Was tat er dort?

Luther **übersetzte als Junker „Jörg" auf der Wartburg die lateinische Bibel ins Deutsche.**

• Warum tat er es?

Alle Deutschen **sollten die Botschaften der Bibel selber lesen können.**

9. Der Text ist aus einem Lexikon. Schreibe folgende Abkürzungen aus. (KS IV)

• dt. **deutsch** • ebd. **ebenda**

• lat. **lateinisch** • R. **Reformation**

10. Was bedeutet das Wort „Reformation"? Erläutere mit eigenen Worten. (KS V)

**Das Wort Reformation bedeutet „Wiederherstellung, Erneuerung" und bezeichnet eine kirchliche Erneuerungsbewegung zwischen 1517 und 1648, die zur Spaltung in verschiedene Konfessionen (katholisch, lutherisch, reformiert) führte.**

11. Luther erlebte den Augsburger Religionsfrieden 1555 nicht. Erkläre die Tragik. (KS V)

**Luther hat sein Leben lang für eine Idee gekämpft, ohne den Erfolg zu sehen. Erst 1555 galt: „Cuius regio, eius religio" („Wessen Land, dessen Religion").**

| D | Name: ______________________ | Datum: ________________ |
|---|---|---|

## Rund um den Kaugummi (Leseprobe)

Auch wenn Kaugummi einfach aussieht, erfordert seine Produktion umfangreiches Know-How. Denn die Qualität und der Geschmack eines Kaugummis hängen nicht nur von der Güte der verwendeten Inhaltsstoffe, sondern auch von der strikten Einhaltung immer gleich bleibender Herstellungsprozesse ab.

**Komplexe Herstellung**

Bevor die Produktion beginnt, werden erst einmal alle Kaugummi-Zutaten einer strengen Qualitätskontrolle unterzogen. Die eigentliche Produktion beginnt mit der Entwicklung der Kaugummimasse sowie entsprechender Aromen. Beiden kommt eine hohe Bedeutung zu, weshalb z. B. Wrigley viele seiner Aromen und die Kaugummimasse selbst entwickelt. Nach Anlieferung in der eigentlichen Produktionsstätte wird die Kaugummimasse zuerst geschmolzen und für die weitere Verarbeitung aufbereitet. Anschließend gelangt die Masse in einen großen Mixer, in dem sie in einer der jeweiligen Rezeptur genau angepassten Zeit langsam mit Zucker oder Zuckeraustauschstoffen, Glukosesirup, Aromen, manchmal auch Frucht- und Pflanzenextrakten vermengt wird. Hiernach ähnelt die Masse einem großen Brotteig und wird zwischen großen Walzenpaaren allmählich zu einem dünnen, gleichförmigen Kaugummiband geformt. Gleichzeitig wird das Band mit Puderzucker bestäubt, um ein Zusammenkleben bei Zuschnitt und Verpackung zu verhindern. Erst dann wird der Kaugummi dem jeweiligen Produkt entsprechend portioniert und bei Produkten wie z. B. Airwaves zusätzlich mit einer aromatisierten, zuckerfreien Glasur überzogen. Diese Form von Kaugummi nennt man dann Dragee. Nur wenn alle einzelnen Produktionsschritte richtig verlaufen sind und die Kaugummis keine Mängel aufweisen, werden sie für den Verkauf freigegeben.

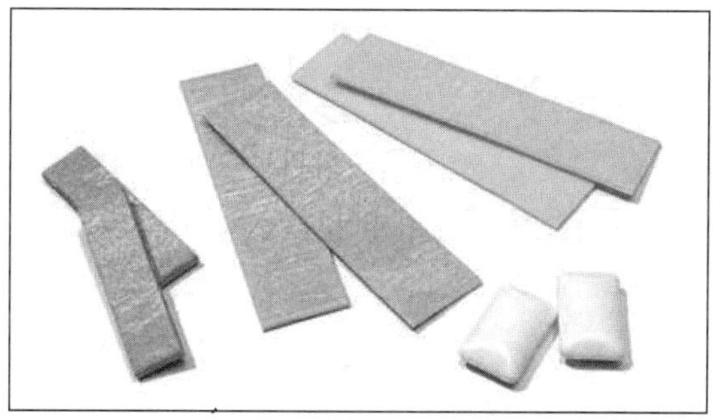

**Außergewöhnliche Fakten über Kaugummi**

Um die Minze anzubauen, die Wrigley weltweit jährlich zur Herstellung seiner Kaugummis mit Minzgeschmack benötigt, bräuchte man ein Feld in der Größe von knapp 140 Quadratkilometern – dies entspricht weit über 16000 Fußballfeldern.

In Deutschland werden pro Stunde über 75000 Wrigley-Produkte konsumiert. Würde man die im Verlauf eines Jahres verkauften Päckchen aneinander reihen, ergäben sie eine Kette rund um die gesamte Erde. Die Brüder Volker und Thomas Martins haben die größte Kaugummisammlung der Welt. Sie besitzen mehr als 2600 unterschiedliche Päckchen mit Kaugummi.

Den offiziellen Rekord für die größte Sammlung von den

verschiedensten leeren Kaugummiverpackungen hält seit 1999 der Brite Steve Fletcher. Seine Sammlung umfasst 5100 Verpackungen aus der ganzen Welt. Er begann 1980 mit der Sammlung.

Der Amerikaner Gary Duschl sammelt Kaugummipapierchen und verbindet sie seit dem 11. März 1965 zu einer riesigen Kette. Mittlerweile besteht diese aus weit über einer Million Verpackungen und hat eine Länge von rund 14,6 Kilometern.

Einen besonderen Zusatznutzen hatte Kaugummi für die Besatzung eines Flugzeugs der britischen Royal Airforce. Bei einer Atlantiküberquerung im Jahr 1911 kaute die Besatzung in Windeseile mehrere Päckchen Kaugummi durch, so wurde von ihnen ein Leck im Kühlsystem verschlossen.

Die Kalifornierin Susan Montgomery Williams hält den offiziellen Rekord für die größte Kaugummiblase der Welt. Ihr gelang es, mit nur drei Kaugummis eine Blase in der Größe von 58,4 Zentimetern zu formen.

Kaugummi heißt auf Finnisch: purukumi; Französisch: chiclette; Portugiesisch: pastilka elastika; Russisch: Zhevatelnaya Rezinka; Schwedisch: tuggumi; Schweitzerdeutsch: chaettschgummi; Spanisch: goma demascar.

Auch wenn mit der industriellen Produktion von Kaugummi erst gegen Ende des 19. Jahrhunderts begonnen wurde, hat das Kauen von Kaugummi eine lange Tradition. Den bislang ältesten Kaugummi fanden Archäologen bei den Ausgrabungen in einer 9000 Jahre alten Siedlung Südschwedens.

| D | Name: ____________________ | Datum: ____________________ | |
|---|---|---|---|

## Rund um den Kaugummi (Leseprobe)

1. Fasse den Inhalt des Textes in zwei Sätzen zusammen. (KS I)

______________________________________________

______________________________________________

______________________________________________

______________________________________________ 2/___

2. Welche Textsorte liegt vor? Umkreise die richtige Antwort. (KS II)

Erzählung  Satire  Anekdote  Sachtext  Kriminalroman  1/___

3. Notiere die Schritte, die notwendig sind, um Kaugummi herzustellen. (KS III)

① ______________________

② ______________________

③ ______________________

**Herstellung von Kaugummi**

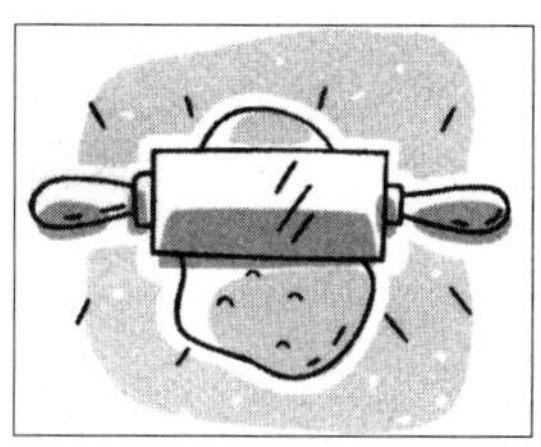

④ ______________________

⑤ ______________________

⑥ ______________________

⑦ ______________________

3,5/___

4. Was unterscheidet den herkömmlichen Kaugummi von einem Dragee? (KS III)

______________________________________________

______________________________________________

______________________________________________ 1/___

5. Wovon hängt die Qualität des Kaugummis ab? Gib auch die Textzeilen an. (KS III)

______________________________________________

______________________________________________

______________________________________________ 1/___

D Lösung

# Rund um den Kaugummi (Leseprobe)

1. Fasse den Inhalt des Textes in zwei Sätzen zusammen. (KS I)

**Im Text wird zuerst die komplexe Herstellung des Kaugummis beschrieben. Im zweiten Teil des Textes werden außergewöhnliche Fakten über den Kaugummi dargestellt.**

2/___

2. Welche Textsorte liegt vor? Umkreise die richtige Antwort. (KS II)

Erzählung | Satire | Anekdote | (Sachtext) | Kriminalroman

1/___

3. Notiere die Schritte, die notwendig sind, um Kaugummi herzustellen. (KS III)

**Herstellung von Kaugummi**

① **Anlieferung**

② **Schmelzen (der Masse)**

③ **Mixen (der Zutaten)**

④ **Zugeben von Zusatzstoffen**

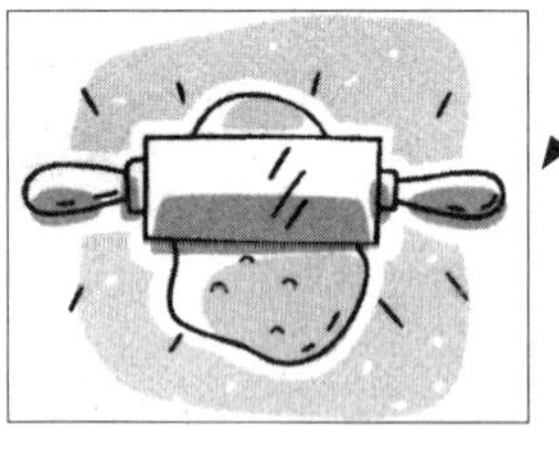

⑤ **Walzen der Masse**

⑥ **Bestäubung mit Puderzucker**

⑦ **Verpackung (Portionierung)**

3,5/___

4. Was unterscheidet den herkömmlichen Kaugummi von einem Dragee? (KS III)

**Im Gegensatz zu einem herkömmlichen Kaugummi wird das Dragee mit einer aromatisierten, zuckerfreien Glasur überzogen.**

1/___

5. Wovon hängt die Qualität des Kaugummis ab? Gib auch die Textzeilen an. (KS III)

**Die Qualität des Kaugummis hängt von der Güte der Inhaltsstoffe und der Einhaltung der Herstellungsprozesse ab. (Zeilen 27 bis 29)**

1/___

| D | Name: ______________________ | Datum: ________________ | |
|---|---|---|---|

6. Verbinde mit Linien, so dass sich sinnvolle Sätze ergeben. (KS III)

| | |
|---|---|
| Für den Anbau | 75 000 Wrigley-Produkte konsumiert. |
| Die Brüder Martins | benötigt man 140 km² Fläche. |
| Pro Stunde werden in Deutschland | haben die größte Kaugummisammlung. |
| Steve Fletcher | stellt Gary Duschl eine Kette aus Kaugummipapier her. |
| Seit dem 11. März 1965 | sammelte 5100 Kaugummiverpackungen seit 1980. |

2,5/ ____

7. Erkennst du die Minze? Umrahme sie. (KS IV)

1/ ____

8. Kreuze richtig an. Welcher Größe entspricht die größte Kaugummiblase? (KS V)

☐ Handball ☐ Tennisball ☐ Fußball ☐ Medizinball ☐ Sitz-/Gymnastikball 1/ ____

9. Woraus bestand deiner Meinung nach der älteste Kaugummi? (KS V)

_______________________________________________

_______________________________________________ 1/ ____

**14/** ____

| D | Lösung | | |
|---|---|---|---|

6. Verbinde mit Linien, so dass sich sinnvolle Sätze ergeben. (KS III)

| | |
|---|---|
| Für den Anbau | 75000 Wrigley-Produkte konsumiert. |
| Die Brüder Martins | benötigt man 140 km² Fläche. |
| Pro Stunde werden in Deutschland | haben die größte Kaugummisammlung. |
| Steve Fletcher | stellt Gary Duschl eine Kette aus Kaugummipapier her. |
| Seit dem 11. März 1965 | sammelte 5100 Kaugummiverpackungen seit 1980. |

2,5/ ___

7. Erkennst du die Minze? Umrahme sie. (KS IV)

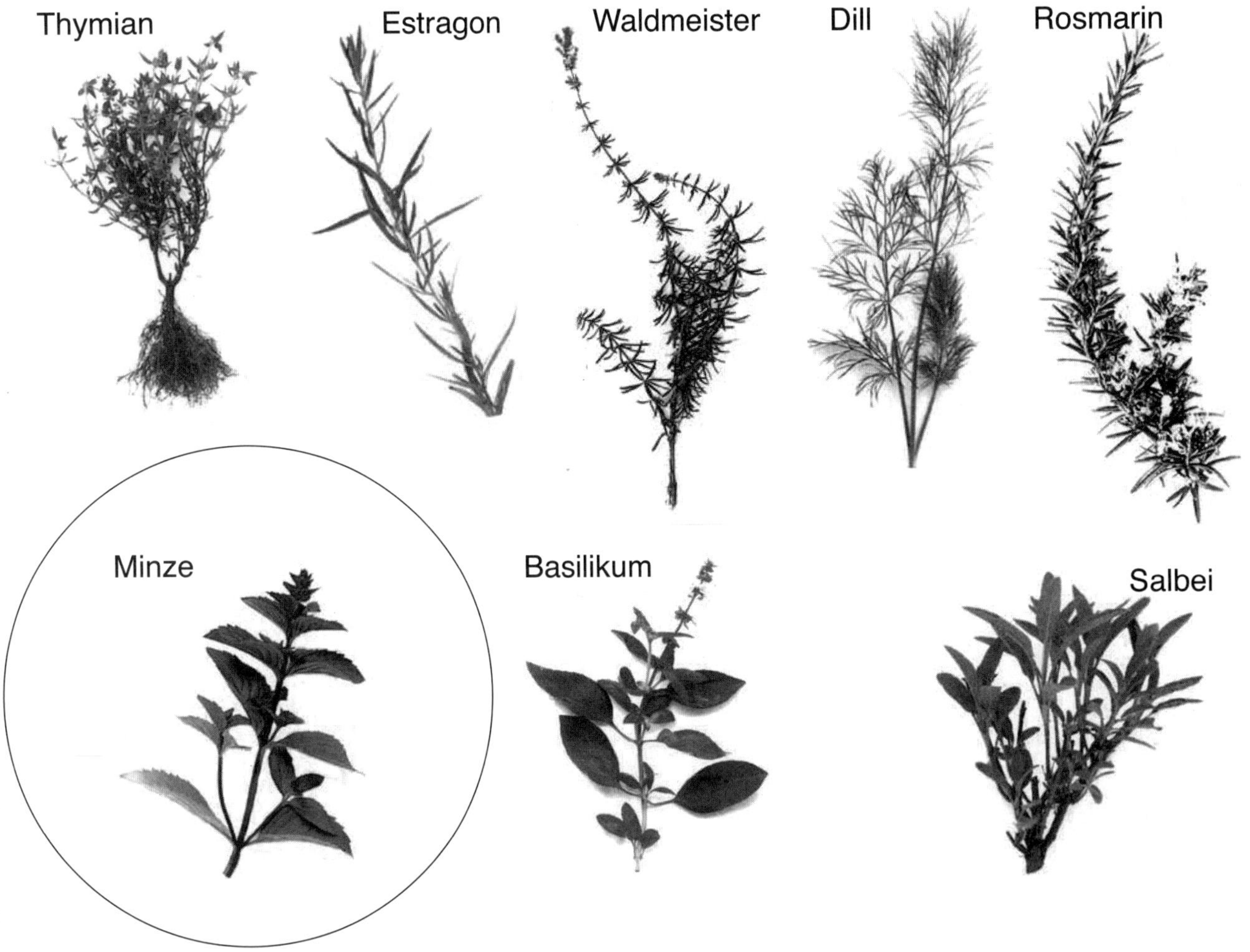


1/___

8. Kreuze richtig an. Welcher Größe entspricht die größte Kaugummiblase? (KS V)

☐ Handball ☐ Tennisball ☐ Fußball ☐ Medizinball ☒ Sitz-/Gymnastikball

1/___

9. Woraus bestand deiner Meinung nach der älteste Kaugummi? (KS V)

**Der älteste Kaugummi bestand aus Birkenharz und Honig.**

1/___

**14/** ___

D Name: ______________________ Datum: ______________________

# Jenny

## Achim Bröger

„Ich fahr in die Stadt zum Einkaufen“, sagt Mutter. „Kannst du das nicht morgen machen?“, frage ich. Aber sie schüttelt den Kopf und erklärt mir: „Nein, ich muss heute fahren. Morgen soll ich mit Claudia zur Untersuchung ins Krankenhaus. Das dauert bestimmt wieder endlos.“

Na gut, ich bleibe also hier. Aber wirklich nicht gerne. Eigentlich wollten wir nämlich mit den Rädern wegfahren, Jenny, Bernd und ich. Die beiden werden‘s tun. Ich nicht.

Mutter drückt mir einen schnellen Abschiedskuss auf die Backe, nimmt ihre Einkaufstasche und geht. An der Tür stoppt sie kurz noch mal und sagt: „Vergiss nicht, Claudia die Tablette zu geben.“ Dann ist sie draußen. Und ich sitze in der Küche und darf nicht mit den anderen wegfahren. Ich weiß schon, einer muss auf meine Schwester aufpassen. Aber was heißt hier klein? Fast so groß wie ich ist Claudia. Und ich bin nur ein bisschen kleiner als meine Mutter.

Da kommt Claudia schon, steht in der Tür und sagt: „He.“ Dazu lächelt sie. Jetzt drückt sie den Lichtschalter, knipst ihn an und aus. Sieht auf ihre Hand und zur Lampe. Noch mal und noch mal macht sie das. „Licht“, sagt sie und redet dann weiter.

Was sie noch redet, verstehe ich nicht. Das klingt, als würde sie eine andere Sprache sprechen. Eine, die nur sie versteht. Bei ganz kleinen Kindern hört sich das ähnlich an. Aber Claudia ist ja groß. Trotzdem kann sie kaum mehr sprechen als so‘n Kleinkind. Sie hat bei ihrer Geburt nämlich einige Zeit keine Luft bekommen. Dabei ist irgendwas mit ihrem Gehirn passiert. Deswegen muss sie auch gleich wieder die Tablette schlucken. Ohne die wird sie ganz aufgeregt.

Claudia ist in ihr Zimmer gegangen. Ich höre eine Tür zufallen. Wohin hat Mutter die Tabletten nur gelegt? Die Schachtel steht doch sonst immer im Regal neben dem Herd. Da finde ich sie aber nicht und auch nicht im Küchenschrank. Aber sie braucht die Tablette jetzt.

„Claudia!“, rufe ich und bekomme keine Antwort. In ihrem Zimmer steckt sie nicht. Dafür sehe ich auf ihrem Schrank die Tablettenschachtel. Und dann schreit Claudia. Ich erschrecke, renne zum Badezimmer und reiß die Tür auf. Da steht meine Schwester, zeigt zum Klosett. Die Wasserspülung läuft und eine halbe Rolle Papier liegt abgerollt auf den Fußbodenkacheln. Die andere Hälfte hat sie wohl ins Klosett geworfen. Ich bin sauer, rolle das restliche Papier auf und hoffe, dass der Abfluss nicht verstopft ist. So ... und jetzt die Tablette. Die schluckt sie sofort.

Ich will mich nicht über Claudia ärgern. Auch nicht darüber, dass ich nicht mit den anderen wegfahren kann. Aber trotzdem möchte ich weg. Und ob ich das will oder nicht, ich ärgere mich, dass ich‘s nicht darf.

Claudia hat sich ein Stück Watte aus dem Wattebeutel meiner Mutter gezupft und pustet dagegen. Das Wattestück fliegt wie ‘ne große Schneeflocke und fällt langsam und weich auf den Kachelboden. „Komm!“, sage ich. Claudia guckt zum Klosett, dann zu mir. Ich nehme sie einfach am Arm. Da geht sie mit. An der Tür ihres Zimmers bleibt sie stehen und drückt den Türgriff ein paar Mal. „Papa“, sagt sie. Das ist auch so‘n Wort, das sie gelernt hat. Warum fällt ihr das gerade eben ein? Hat er mal den Türgriff repariert und sie hat dabei zugesehen? Ich weiß oft nicht, was sie meint. Jetzt guckt sie den Griff auf der anderen Seite an, drückt ihn und schmeißt die Tür mit Wucht zu. „Das sollst du nicht!“, schimpfe ich. Die nervt mal wieder. Eigentlich könnte ich ein bisschen mit ihr rausgehen. Das macht sie ganz gern. „Claudia“, rufe ich. Sie hat wohl gemerkt, dass ich sauer auf sie bin und verzieht das Gesicht. Ich halte ihr einfach die Jacke hin. Sie schlüpft rein und rennt sofort zum Stuhl im Flur. Auf den setzt sie sich, damit ich ihr die Schuhe anziehe und zubinde. „Weggehen“, sage ich. „Da“, sagt sie und freut sich.

Schade, dass ich nicht wenigstens manchmal mit ihr reden kann. Richtig reden, meine ich. Aber sie schafft eben nicht mehr als ein paar Wörter.

Auf der Treppe poltert sie mächtig. „Psst“, mache ich. Die Nachbarn beschweren sich nämlich, wenn sie laut ist. Claudia kann sich einfach nicht merken, dass sie das nicht soll. Und dann sind wir draußen, meine kleine Schwester und ich. Jenny spielt am Hauseingang gegenüber. Eigentlich ist sie meine beste Freundin. Sie sieht mich und rennt zu mir. „Hallo“, sagt sie. „Kommst du nachher mit?“ „Geht heute nicht“, sage ich. „Musst du wieder aufpassen?“, stöhnt Jenny und ich nicke. Es ist komisch, wie sie Claudia ansieht. Sie versteht irgendwie nicht, dass meine Schwester kaum was reden kann. Das passt einfach nicht in Jennys Kopf. „Tschüs“, sagt Jenny. „Tschüs“, sage ich und weg ist sie. Plötzlich guckt mich Claudia an. Sie verzieht ihr Gesicht, als würde sie sich anstrengen und sagt: „Jenny ...“, zwar undeutlich, aber ich versteh‘s. Sie hat Jenny gesagt. Zum ersten Mal. Die kennt sie ja auch, hat sie schon oft gesehen. Am liebsten möchte ich hinter Jenny herrennen und ihr erzählen: Claudia sagt Jenny. Aber für Jenny ist das sicher nichts Besonderes, für mich schon. Und meine Eltern werden sich riesig freuen, wenn sie das hören. Ein ganz neues Wort hat Claudia gelernt. Vor zwei Jahren dachten wir nie, dass sie überhaupt mal Wörter sprechen könnte. Ich möchte ‘n Purzelbaum schlagen auf dem Asphalt und tu‘s natürlich nicht. Dafür tipp ich Claudia gegen die Schulter. „Jenny“, sage ich, damit sie ihr neues Wort nicht vergisst. „Jenny“, sagt sie. Und jetzt freu ich mich riesig, dass ich bei ihr geblieben bin. Jenny. Ein tolles Claudiawort. Dabei ist es eigentlich schwer zu sprechen. Jenny. Das Wort klingt für mich, als hätte es ‘ne kleine Sonne in sich. Ich fass Claudia an die Hand. Hoffentlich vergisst sie ihr neues Wort nicht. „Jenny“, sage ich. „Jenny“, sagt sie. Ganz laut und fast deutlich.

| D | Name: ______________________ | Datum: ______________________ | |
|---|---|---|---|

## Jenny

1. Benenne Textsorte, Titel und Namen des Verfassers. (KS I)

• Textsorte: ______________________

• Titel: ______________________

• Autor: ______________________

2. Was denkt die Ich-Erzählerin in der Küche? (KS I)

______________________

______________________

______________________

3. Claudia kann nicht sprechen. Nenne den Grund. (KS I)

______________________

4. Im Badezimmer passiert ein Malheur. Kreuze die passenden Abbildungen an. (KS II)

Claudias Schwester sieht ...

☐ ☐ ☐

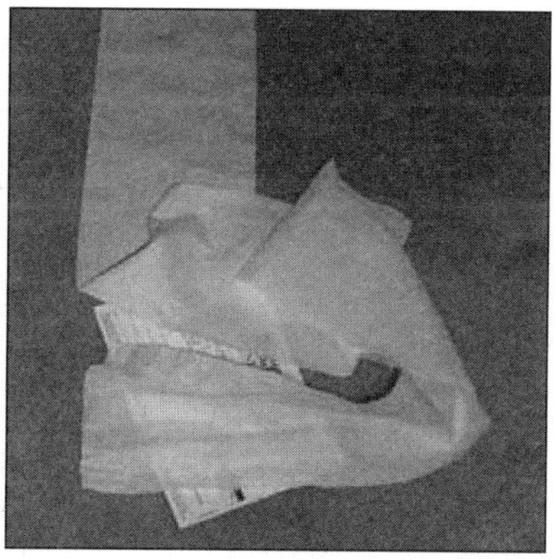

5. Im Text kann man erkennen, dass Claudia kein gesundes Mädchen ist. Sie benötigt Hilfe. Vervollständige die Sätze. (KS II)

• Claudias Schwester muss ihr regelmäßig ______________________ geben.

• Beim Anziehen und Binden der ______________________ bekommt sie Hilfe.

6. Wie fühlt sich die Ich-Erzählerin, als sie Jenny vor dem Haus trifft? Umkreise passende Adjektive. (KS III)

traurig wütend fröhlich unverstanden feindselig

7. Erkläre den Satz „Das passt einfach nicht in Jennys Kopf.“ (KS III)

______________________

______________________

______________________

D | Lösung

# Jenny

1. Benenne Textsorte, Titel und Namen des Verfassers. (KS I)

• Textsorte: **Erzählung (Kurzgeschichte)**

• Titel: **Jenny**

• Autor: **Achim Bröger**

2. Was denkt die Ich-Erzählerin in der Küche? (KS I)

**Die Ich-Erzählerin würde gerne zusammen mit Jenny und Bernd einen Radausflug unternehmen. Doch sie kann nicht, weil sie auf ihre Schwester Claudia aufpassen muss.**

3. Claudia kann nicht sprechen. Nenne den Grund. (KS I)

**Claudia hat bei ihrer Geburt zu wenig Luft bekommen.**

4. Im Badezimmer passiert ein Malheur. Kreuze die passenden Abbildungen an. (KS II)

Claudias Schwester sieht ...

☒ 

☐ 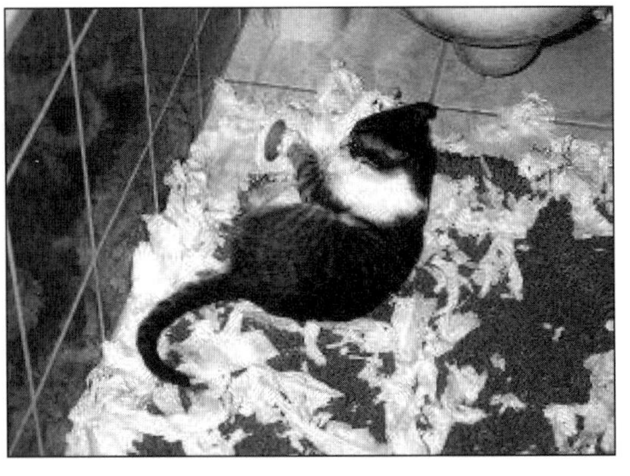

☒ 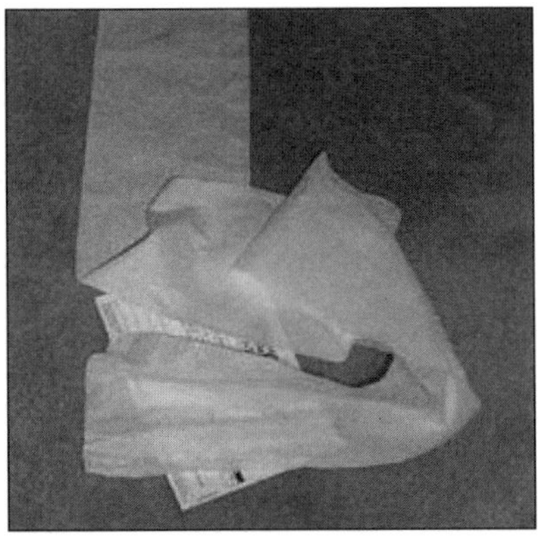

5. Im Text kann man erkennen, dass Claudia kein gesundes Mädchen ist. Sie benötigt Hilfe. Vervollständige die Sätze. (KS II)

• Claudias Schwester muss ihr regelmäßig **Tabletten** geben.

• Beim Anziehen und Binden der **Schuhe** bekommt sie Hilfe.

6. Wie fühlt sich die Ich-Erzählerin, als sie Jenny vor dem Haus trifft? Umkreise passende Adjektive. (KS III)

(traurig) wütend fröhlich (unverstanden) feindselig

7. Erkläre den Satz „Das passt einfach nicht in Jennys Kopf.“ (KS III)

**Jenny versteht Claudias Situation nicht. Sie begreift nicht, dass Claudia als behindertes Kind sehr viel Hilfe benötigt.**

| D | Name: ______________________ | Datum: __________________ |
|---|---|---|

## Jenny

8. Was denkt Jenny wohl über Claudia? Fülle die Gedankenblase aus! (KS IV)

9. Claudia hat ein neues Wort gelernt!

a) Wie heißt es? (KS I)

______________________________________________

b) Was bedeutet dieses neue Wort für die Ich-Erzählerin? (KS IV)

______________________________________________

______________________________________________

c) Die Reaktion zeigt, was die Ich-Erzählerin für ihre Schwester empfindet. Notiere. (KS V)

______________________________________________

10. Diese Geschichte wurde auf eine besondere Art verfasst. Kreuze richtig an. (KS V)

Der Text

- ☐ wurde im Präsens geschrieben.
- ☐ wurde im Präteritum geschrieben.
- ☐ wirkt wie eine mündliche Erzählung.
- ☐ enthält Umgangssprache.
- ☐ enthält keine wörtliche Rede.

11. Durch die vorhandenen Stilmittel erzielt der Autor eine Wirkung. Bilde einen Satz mit den gegebenen Wörtern. (KS IV)

lebendig echt wirkt

______________________________________________

______________________________________________

## Jenny

8. Was denkt Jenny wohl über Claudia? Fülle die Gedankenblase aus! (KS IV)

**Claudia steht mir und meiner Freundin im Weg, wenn wir spielen möchten.**

9. Claudia hat ein neues Wort gelernt!

a) Wie heißt es? (KS I)

**Jenny**

b) Was bedeutet dieses neue Wort für die Ich-Erzählerin? (KS IV)

**Die Ich-Erzählerin sieht, dass ihre Schwester einen Fortschritt gemacht hat und freut sich darüber sehr.**

c) Die Reaktion zeigt, was die Ich-Erzählerin für ihre Schwester empfindet. Notiere. (KS V)

**Sie liebt Claudia trotz ihrer Behinderung sehr.**

10. Diese Geschichte wurde auf eine besondere Art verfasst. Kreuze richtig an. (KS V)

Der Text

- ☒ wurde im Präsens geschrieben.
- ☐ wurde im Präteritum geschrieben.
- ☒ wirkt wie eine mündliche Erzählung.
- ☒ enthält Umgangssprache.
- ☐ enthält keine wörtliche Rede.

11. Durch die vorhandenen Stilmittel erzielt der Autor eine Wirkung. Bilde einen Satz mit den gegebenen Wörtern. (KS IV)

lebendig echt wirkt

**Durch die Stilmittel wirkt die Erzählung von Achim Bröger lebendig und echt.**

| D | Name: ____________________ | Datum: ____________________ | |
|---|---|---|---|

# Liter gegen Literatur

## Ein Interview mit dem Autor Willi Fährmann

Frage: Herr Fährmann, Sie wurden 1929 in Duisburg-Beeck geboren. Wie sind Sie eigentlich mit Literatur in Berührung gekommen?

Fährmann: Beecks Hauptprodukt, das Bier, hat in meinen Kinderjahren eine große Rolle gespielt. Eigentlich war es schon wichtig, als ich noch gar nicht geboren war. Mein Vater war 1928 arbeitslos geworden. Er wollte meine Mutter nicht heiraten, weil er kein Einkommen hatte. Die Männer hatten damals so einen Stolz. Meine Mutter hat bei der Familie König im Haushalt gearbeitet. Weil die Frau König merkte, dass meine Mutter sehr bedrückt herumlief, hat sie versprochen, meinen Vater zur Hochzeit eine Arbeitsstelle in der Brauerei zu schenken. Brauerei, das bedeutet täglich Deputatbier (zum Lohn gehörende Sachleistung). Und das Bier hat mich an die Bücher gebracht.

Frage: Das müssen Sie uns wohl näher erklären.

Fährmann: Wir bekamen alle vierzehn Tage Besuch von einem Hausfriseur. Hausfriseur, das war damals ein Arbeitsloser, der von sich glaubte, dass er Haare schneiden konnte. Unserer schnitt billig. Er durfte nämlich umsonst trinken. Pro Schopf eine Flasche. Er wurde natürlich von Schnitt zu Schnitt kreativer. Dieser Friseur war auch Helfer in der damaligen Bibliothek. Dort konnten die Mitglieder gelegentlich billig Bücher kaufen. Die hat er bei uns gegen Bier getauscht. Liter gegen Literatur. Aus den Büchern hat mein Vater mir oft vorgelesen. So merkte ich, dass Geschichten schön sind.

Frage: Die Schule wird doch auch bei der Entdeckung geholfen haben?

Fährmann: Da gab es tatsächlich ein „Frollein“, das ich heiß liebte. Fräulein Jächel las in den Religionsstunden nämlich lange und viel aus dem Alten Testament der Bibel vor. Durch sie vor allem hat sich mein Eindruck verstärkt: Geschichten sind schön.

Frage: Diese Erfahrung scheint für Sie ja sehr wichtig gewesen zu sein.

Fährmann: Ohne diese Erfahrung wird niemand zum Leser und erst recht niemand zum Schriftsteller. Deshalb kann ich nur raten, den Kindern und Heranwachsenden Geschichten von früher zu erzählen. Ich bin sicher, wer Geschichten erzählt und vorgelesen bekommt, der entdeckt auch die Lust am Lesen.

Frage: Sie sind zehn Jahre Lehrer in Duisburg gewesen, Herr Fährmann.

Fährmann: Das war mir nicht gerade in die Wiege gelegt. Ich habe nach dem Krieg und der mittleren Reife erst mal Maurer gelernt, meine Gesellenprüfung gemacht und noch beinahe zwei Jahre als Maurer gearbeitet. Ein Beecker Kaplan hat mich für die Katholische Jugend begeistert. Ich wurde Gruppenleiter, kam mit vielen Fragen und Problemen in Berührung. Seine Wohnung stand uns damals offen. Wir haben bis in die Nächte hinein diskutiert, gesungen, Aktionen gestartet und Feste gefeiert. Damals kam mir zum ersten Mal der Gedanke, du könntest vielleicht Lehrer werden. Das war ein ziemlich schwieriger Weg. Ich holte mein Abitur in der Abendschule nach und studierte anschließend. Schließlich war es so weit: Ich konnte mich bei dem damaligen Rektor Zimmer in Duisburg-Ruhrort als Junglehrer melden. Von dem habe ich dann mehr für den Unterricht gelernt als in meiner ganzen Studienzeit. 1963 bin ich dann als Rektor nach Xanten gekommen.

Frage: Jetzt sind Sie Schulrat am Niederrhein. Bleibt da eigentlich noch Zeit zum Schreiben?

Fährmann: Zeit zu haben, das ist eine Frage des Charakters. Wer immer nur auf die Uhr schielt wird nie Zeit haben.

Frage: Warum schreiben Sie Romane gerade für Jugendliche?

Fährmann: Richtig ist, dass ich Romane schreibe, die auch von vielen Jugendlichen gelesen werden. Aber Erwachsene greifen ebenso zu meinen Büchern. Jedes Lebensalter liest einen poetischen Text anders. Anders deshalb, weil die Erfahrungen andere sind. Daran, denke ich, erkennt man, ob ein Text wirklich tragfähig ist, wenn verschiedene Ebenen zum Verständnis erschlossen werden können. An Jugendliche wende ich mich besonders gern, weil ich fest darauf vertraue, dass Erfahrungen weitergegeben werden können, dass die Ereignisse der Vergangenheit helfen, die Gegenwart besser zu verstehen und die Zukunft zu gestalten.

| D | Name: ____________________ | Datum: ______________ | |
|---|---|---|---|

## Liter gegen Literatur

1. Nenne die verschiedenen Berufe von Willi Fährmann und sein Geburtsjahr. (KS I)

Geburtsjahr: ____________________

Berufe: ____________________

2. Nenne zwei Bücher, die Willi Fährmann geschrieben hat. (KS II)

____________________

3. Welches ungewöhnliche Geschenk sollte Fährmanns Vater zur Hochzeit bekommen? Kreuze die richtige Aussage an. (KS I)

☐ Hochzeitstorte

☐ Bier

☐ Arbeitsstelle

☐ Anzug

4. Was hat der Friseur mit Literatur zu tun? Bilde aus den Wörtern unten einen Satz. (KS II)

damaligen Helfer war Dieser in Friseur Bibliothek auch der

____________________

5. Erkläre den Begriff „Debutatbier". (KS III)

____________________

____________________

6. Wie kam Willi Fährmann zu den Büchern? (KS III)

____________________

____________________

7. Willi Fährmann lernte Bücher lieben. Wer verhalf ihm dazu?

Vervollständige die Sätze. (KS III)

• ____________________ las ihm Geschichten vor, so merkte er, dass Geschichten schön sind.

• ____________________ verstärkte den Eindruck: Geschichten sind schön. Sie las lange und viel aus der Bibel vor.

8. Welchen Rat gibt der Autor, damit Kinder Lust am Lesen bekommen? (KS III)

☐ Kinder sollten selber viele Bücher lesen.

☐ Heranwachsende können Lust am Lesen bekommen, wenn sie Tageszeitungen lesen.

☐ Wer Kindern und Heranwachsenden Geschichten von früher erzählt oder vorliest, weckt deren Lust am Lesen.

D Lösung

## Liter gegen Literatur

1. Nenne die verschiedenen Berufe von Willi Fährmann und sein Geburtsjahr. (KS I)

Geburtsjahr: **1929**

Berufe: **Maurer, Lehrer, Rektor, Schulrat, Autor**

2. Nenne zwei Bücher, die Willi Fährmann geschrieben hat. (KS II)

**Das Jahr der Wölfe - Kristina, vergiss nicht - Der lange Weg des Lukas B.**

3. Welches ungewöhnliche Geschenk sollte Fährmanns Vater zur Hochzeit bekommen? Kreuze die richtige Aussage an. (KS I)

☐ Hochzeitstorte

☐ Bier

☒ Arbeitsstelle

☐ Anzug

4. Was hat der Friseur mit Literatur zu tun? Bilde aus den Wörtern unten einen Satz. (KS II)

damaligen Helfer war Dieser in Friseur Bibliothek auch der

**Dieser Friseur war auch Helfer in der damaligen Bibliothek.**

5. Erkläre den Begriff „Debutatbier". (KS III)

**Der Deputatlohn ist eine Naturalleistung, die aus Lebensmitteln besteht. In diesem Fall bekam ein Arbeiter zusätzlich zu seinem Lohn Bier dazu.**

6. Wie kam Willi Fährmann zu den Büchern? (KS III)

**Der Hausfriseur als Helfer in einer Bibliothek tauschte Bücher gegen Bier, also „Liter gegen Literatur".**

7. Willi Fährmann lernte Bücher lieben. Wer verhalf ihm dazu? Vervollständige die Sätze. (KS III)

- **Sein Vater** las ihm Geschichten vor, so merkte er, dass Geschichten schön sind.
- **Fräulein Jächel** verstärkte den Eindruck: Geschichten sind schön. Sie las lange und viel aus der Bibel vor.

8. Welchen Rat gibt der Autor, damit Kinder Lust am Lesen bekommen? (KS III)

☐ Kinder sollten selber viele Bücher lesen.

☐ Heranwachsende können Lust am Lesen bekommen, wenn sie Tageszeitungen lesen.

☒ Wer Kindern und Heranwachsenden Geschichten von früher erzählt oder vorliest, weckt deren Lust am Lesen.

D Name: ______________________ Datum: ______________________

9. Fährmann ahnte als Kind nicht, dass er Lehrer werden wird. Finde den Satz, der diese Aussage belegt und nenne die Zeile. (KS III)

___________________________________________

10. Finde die richtige Reihenfolge. Wie entwickelte sich Fährmanns Berufsleben? Nicht alle Begriffe passen. (KS IV)

Schulrat - Friseur - Studium - Mittlere Reife - Gruppenleiter - Abitur - Ausbildung zum Maurer - Lehrer - Gesellenprüfung - Autor - Maurer - Meisterprüfung - Rektor - Bierbrauer

Heute ist Willi Fährmann ______________ und pensionierter ______________.

11. Seine Bücher und Erzählungen werden nicht nur von Jugendlichen gelesen. Erkläre, warum das so ist. (KS V)

12. Vervollständige den Satz. (KS V)

Der Autor wendet sich besonders gerne an Jugendliche, da ______________

D | Lösung

9. Fährmann ahnte als Kind nicht, dass er Lehrer werden wird. Finde den Satz, der diese Aussage belegt und nenne die Zeile. (KS III)

**„Das war mir nicht gerade in die Wiege gelegt." (Zeile 42)**

10. Finde die richtige Reihenfolge. Wie entwickelte sich Fährmanns Berufsleben? Nicht alle Begriffe passen. (KS IV)

Schulrat - Friseur - Studium - Mittlere Reife - Gruppenleiter - Abitur - Ausbildung zum Maurer - Lehrer - Gesellenprüfung - Autor - Maurer - Meisterprüfung - Rektor - Bierbrauer

**Mittlere Reife**
**Ausbildung zum Maurer**
**Gesellenprüfung**
**Maurer**
**Gruppenleiter**
**Abitur**
**Studium**
**Lehrer**
**Rektor**
**Schulrat**

Heute ist Willi Fährmann **Autor** und pensionierter **Schulrat**.

11. Seine Bücher und Erzählungen werden nicht nur von Jugendlichen gelesen. Erkläre, warum das so ist. (KS V)

**Jede Altersstufe hat andere Lebenserfahrungen. Auch Erwachsene sind an Fährmanns Büchern interessiert, zumal die Themenkreise altersunabhängig sind (Nationalsozialismus, Vorurteilsdenken).**

12. Vervollständige den Satz. (KS V)

Der Autor wendet sich besonders gerne an Jugendliche, da **er helfen möchte, dass sie ihre Zukunft besser verstehen und damit auch bewusster leben können.**

D Name: ______________________ Datum: ______________________

## Der Spaghettifresser

### Willi Fährmann

Frau Sulzbacher hatte in der großen Pause die Aufsicht auf dem Schulhof. Aus der Ecke am Toilettengebäude schallte es im Chor:

„Spaghettifresser Tonio hat Wanzen, Läuse und ’nen Floh.“

Die Lehrerin lief auf die Kinder zu, die in einer Traube um Tonio Zuccarelli herumstanden und ihn in die Ecke gedrängt hatten. Tonio hatte die Fäuste in die Hosentasche gesteckt, die Schultern hochgezogen und starrte auf den Boden. Er war einen Kopf größer als die anderen Kinder der Klasse.

„Spaghettifresser!“, stimmte Kalle Blum erneut laut den Spottvers an.

„Schluss jetzt!“, rief Frau Sulzbacher und drängte die Kinder auseinander. „Es ist sehr hässlich von euch, den Tonio immer wieder zu ärgern“, tadelte sie ihre Klasse.

„Es macht Spaß, wenn er wütend wird“, sagte Kalle Blum.

„Dann sieht er aus wie ein Hund, der eine Katze riecht“, rief Sylvia. „Still jetzt. Kein Mensch sieht aus wie ein Hund.“

„Doch“, widersprach Sylvia, „wenn Tonio die Wut kriegt, dann sieht er aus wie unser Hund.“

„Genauso sieht er aus!“, bestätigte Kalle Blum, obwohl er Sylvias Hund noch nie gesehen hatte. Kalle hatte Wut auf Tonio. Bevor „der Itaker“ in die Klasse gekommen war, war Kalle der Stärkste gewesen. Tonio war stärker. Und Papa Blum sagte es auch, „die Spaghettis“ nehmen uns hier nur die Arbeitsplätze weg. Warum musste Frau Sulzbacher den Itaker ausgerechnet an Kalles Tisch setzen? Papa hatte auch gesagt: „Die Ausländer, die sollten sie in die deutschen Klassen erst gar nicht reinlassen.“

Nach der Pause machte Frau Sulzbacher einen Vorschlag. „Weil Adventszeit ist, wollen wir ein schönes Spiel machen“, sagte sie. „Ich habe hier auf kleine Zettelchen die Namen aller Kinder in der Klasse aufgeschrieben. Jeder darf ein Namenszettelchen ziehen. Keiner soll verraten, welchen Namen er gezogen hat.“

„Zu niemand darf man das sagen?“, fragte Sylvia.

„Zu niemand. Denn ihr könnt für das Kind, dessen Namen ihr gezogen habt, ein Wichtel sein!“

„Wichtel? Blöd. Was ist denn das?“, schrien die Kinder durcheinander.

„Ich habe den Namen und das Spiel nicht erfunden“, sagte Frau Sulzbacher. „Aber ich kann euch erklären, was er bedeuten soll. Für jeden Tag soll ein Wichtel überlegen, wie er dem anderen eine Überraschung bereiten kann. Alles muss ganz heimlich geschehen. Niemand darf sagen, wem er in der Adventszeit kleine Freuden machen will.“

„Quatsch“, sagte Kalle, „Wichtelei, so ’n Quatsch.“

„Kein Quatsch“, widersprach Frau Sulzbacher. „Freude wird doppelt schön, wenn man sie weitergibt.“

„Und wenn ich den Namen von dem da ziehe? Soll ich dem etwa jeden Tag etwas zustecken?“ Kalle zeigte dabei auf Tonio.

Das wäre für den Kalle ganz gut, dachte Frau Sulzbacher. Aber Kalle zog nicht Tonios Zettel. Auf seinem Blatt stand „Michael“.

Am ersten Tag fand Kalle in seiner Anoraktasche ein Zimtplätzchen. Wer wusste, dass er Zimtplätzchen am liebsten aß? War sein Freund Hannes der, der ihn beschenkte?

Am zweiten Tag entdeckte er in seinem Etui ein Sammelbildchen der Mannschaft von Bayern München. Genau die Mannschaft fehlte ihm. Der Wichtel musste ihn genau kennen.

Wer war es? An den folgenden Tagen bekam er lauter Kleinigkeiten, die er sich schon lange gewünscht hatte: einen Bleistiftanspitzer in einer kleinen Weltkugel, einen riesigen Kaugummi, eine winzige Glaskugel, einen Angelhaken, und einmal sogar etwas, worüber die ganze Klasse staunte.

Kalle hatte arglos in seine Tasche gefasst und war erschrocken zurückgefahren. In der Tasche bewegte sich etwas. Vorsichtig zog er ein kleines, braunes Knäuel heraus, das sich als junger Goldhamster entpuppte.

Jetzt konnte Kalle es vielleicht herausbekommen, wer ihn beschenkte. Wer hatte zu Hause Goldhamster? Aber so sehr er auch forschte, er kam nicht weiter. Hannes besaß zwar einen Goldhamster, aber wer hat schon gehört, dass ein Hamsterbock Junge bekommt?

Am allerletzten Schultag vor den Weihnachtsferien ahnten die meisten Schüler, wer ihr Wichtel gewesen war.

Es war eine schöne Zeit des Ratens und der Überraschungen gewesen. Nur Kalle hatte immer noch keinen Schimmer, wer ihn beschenkt hatte.

Da fand er nach der großen Pause einen herrlichen Satz italienischer Briefmarken in seinem Schreibheft. Briefmarken? Italienische? Kalle blickte zweifelnd zu Tonio hinüber. Der schaute ihn ängstlich an.

„Du, Spaghettifr... ?“ Kalle schluckte. „Du warst das, Tonio?“

Tonio nickte.

„Mensch!“, sagte Kalle. Er kam sich gemein vor. „Danke“, sagte er.

„War schön“, antwortete Tonio.

Am Heiligen Abend brachte der Briefträger eine riesengroße Weihnachtskarte für Schüler Tonio Zuccarelli.

„Lieber Tonio! Fröhliche Weihnachten wünscht dir von Herzen dein Kalle“, stand darauf.

Tonio heftete die Karte mit einer Nadel an die Tapete über sein Bett.

| D | Name: ______________________ | Datum: ____________________ | |
|---|---|---|---|

## Der Spaghettifresser

### Willi Fährmann

1.Der Titel der Erzählung nennt das Thema. Wer wird in der Umgangssprache oftmals „Spaghettifresser“ genannt? Fülle die Lücken aus. (KS I)

In der Umgangssprache beschimpft man als Spagettifresser oft ________________. Hier wird _________ von seinem Klassenkameraden so genannt.

2. Mit welchem Tier vergleicht Sylvia den verspotteten Tonio? Kreuze an. (KS I)

☐  ☐  ☐ 

3. Kalle ist sauer auf Tonio. Warum? (KS II)

______________________________________________

______________________________________________

4. Papa Blum, Kalles Vater, hat ein Vorurteil gegenüber Italienern. Welchen Satz sagte er zu Kalle? (KS II)

☐ Die Itaker benehmen sich wie Hunde und riechen auch so.

☐ Die Ausländer sollten kein Deutsch lernen.

☐ Kalte, du bist viel stärker als Tonio, denn Tonio ist ein Spaghettifresser.

☐ Die Spaghettis nehmen uns die Arbeitsplätze weg.

5. Warum ist dieser Satz ein Vorurteil? Erkläre. (KS III)

______________________________________________

______________________________________________

______________________________________________

______________________________________________

______________________________________________

______________________________________________

______________________________________________

D | Lösung

# Der Spaghettifresser

## Willi Fährmann

1.Der Titel der Erzählung nennt das Thema. Wer wird in der Umgangssprache oftmals „Spaghettifresser“ genannt? Fülle die Lücken aus. (KS I)

In der Umgangssprache beschimpft man als Spagetti-fresser oft **Italiener**. Hier wird **Tonio** von seinem Klassenkameraden so genannt.

2. Mit welchem Tier vergleicht Sylvia den verspotteten Tonio? Kreuze an. (KS I)

☐ 

☒ 

☐ 

3. Kalle ist sauer auf Tonio. Warum? (KS II)

**Tonio ist stärker als er. Früher war er der stärkste Junge in der Klasse.**

4. Papa Blum, Kalles Vater, hat ein Vorurteil gegenüber Italienern. Welchen Satz sagte er zu Kalle? (KS II)

☐ Die Itaker benehmen sich wie Hunde und riechen auch so.

☐ Die Ausländer sollten kein Deutsch lernen.

☐ Kalte, du bist viel stärker als Tonio, denn Tonio ist ein Spaghettifresser.

☒ Die Spaghettis nehmen uns die Arbeitsplätze weg.

5. Warum ist dieser Satz ein Vorurteil? Erkläre. (KS III)

**Ein Ausländer nimmt den Deutschen nicht den Arbeitsplatz weg. Es gibt viele Arbeiten, die Deutsche gar nicht oder oft nur notgedrungen erledigt werden. Dazu gehören zum Beispiel saisonale Arbeiten (Spargel stechen, Erdbeeren ernten) oder Arbeiten, die Deutschen unzumutbar erscheinen (Müllabfuhr, Reinigungsarbeiten, Gastronomie). Oft werden Arbeitsplätze nach Qualifikation vergeben, die auch von Ausländern erfüllt werden kann. Nicht vergessen sollte man, dass Ausländer zu Beginn der 1960-er Jahre nach Deutschland geholt wurden, weil zu wenig deutsche Arbeitskräfte vorhanden waren.**

D | Name: ______________________ | Datum: ______________________

6. Wichteln ist ein Spiel. Bringe die einzelnen Handlungsschritte in eine Reihenfolge, die sinnvoll ist. Nummeriere. (KS III)

____ Am Ende der Woche darf der Beschenkte nicht wissen, wer sein Wichtel war.

____ Nach dem Ziehen darf der Name nicht verraten werden.

____ Eine Woche lang soll der Wichtel überlegen, wie er dem anderen jeden Tag eine Überraschung bereiten kann.

____ Jedes Kind muss ein Zettelchen ziehen.

____ Alle Namen aus der Klasse werden auf mehrere Zettelchen geschrieben.

7. Notiere die Begriffe. (KS III)

Kalle bekommt folgende Geschenke:

| mimuakgu | gkuleewtl | chbliseemnmadl |
|---|---|---|
| ______________ | ______________ | ______________ |
| spabiettzsrelfinit | pztmincäthzel | kneagelhan |
| ______________ | ______________ | ______________ |

8. Finde den Begriff. (KS III)

+

Ein besonderes Geschenk war der ______________________.

9. Kalle kam sich gemein vor, als er feststellte, dass Tonio ihn beschenkt hatte. Erkläre, warum Kalle sich so fühlt. (KS IV)

______________________________________________

______________________________________________

______________________________________________

10. Welche Vorurteile könnte Tonio gegenüber Kalle haben? (KS V)

______________________________

______________________________

______________________________

______________________________

______________________________

______________________________

______________________________

# D Lösung

6. Wichteln ist ein Spiel. Bringe die einzelnen Handlungsschritte in eine Reihenfolge, die sinnvoll ist. Nummeriere. (KS III)

**5** ___ Am Ende der Woche darf der Beschenkte nicht wissen, wer sein Wichtel war.

**3** ___ Nach dem Ziehen darf der Name nicht verraten werden.

**4** ___ Eine Woche lang soll der Wichtel überlegen, wie er dem anderen jeden Tag eine Überraschung bereiten kann.

**2** ___ Jedes Kind muss ein Zettelchen ziehen.

**1** ___ Alle Namen aus der Klasse werden auf mehrere Zettelchen geschrieben.

7. Notiere die Begriffe. (KS III)

Kalle bekommt folgende Geschenke:

| mimuakgu | gkuleewtl | chbliseemnmadl |
|---|---|---|
| **Kaugummi** | **Weltkugel** | **Sammelbildchen** |
| spabiettzsrelfinit | pztmincäthzel | kneagelhan |
| **Bleistiftspitzer** | **Zimtplätzchen** | **Angelhaken** |

8. Finde den Begriff. (KS III)

+

Ein besonderes Geschenk war der **Goldhamster**.

9. Kalle kam sich gemein vor, als er feststellte, dass Tonio ihn beschenkt hatte. Erkläre, warum Kalle sich so fühlt. (KS IV)

**Kalle hatte Vorurteile gegenüber Tonio, Tonio jedoch nicht. Der italienische Junge blieb freundlich und überraschte Kalle mit aufmerksamen Geschenken, obwohl dieser sehr gemein, gehässig und schadenfroh gewesen war.**

10. Welche Vorurteile könnte Tonio gegenüber Kalle haben? (KS V)

- **Deutsche trinken reichlich Bier.**
- **Deutsche tragen Lederhosen und Dirndl.**
- **Deutsche essen Schweinshaxen und Knödel.**
- **Deutsche sind rechthaberisch und rüpelhaft.**
- **Deutsche bestehen auf Vorschriften.**
- **Deutsche sind überpünktlich.**
- **Deutsche essen Sauerkraut, deshalb die „Krauts".**

| D | Name: ______________________ | Datum: ____________________ | |
|---|---|---|---|

# Der ehrliche Lügner

## Rafik Schami

Als mein Großvater starb, trauerte Großmutter genau vierzig Tage in Schwarz, dann holte sie die Handwerker, ließ ihr Haus für gutes Geld von den Grundmauern bis zum Dach erneuern, grub die Gemüsebeete um und pflanzte überall Rosen in allen Farben. Ihr Haus erstrahlte bald in Weiß, die Tür in Blau, und jeder der vielen kleinen Fensterläden bekam eine andere Farbe, Rot, Gelb, Grün und Violett. Mein Vater sprach erst bekümmert, dann aber nur noch entsetzt über die Farben des kleinen Hauses. Das war jedoch noch nichts im Vergleich zu dem, was nun folgen sollte.

Von heute auf morgen tauchte Großmutter bei uns in bunten Kleidern auf. Sie sah herrlich aus. Hätte ich nicht gewusst, dass sie zweiundsiebzig Jahre alt war, so hätte ich sie glatt für eine junge Frau von fünfundfünfzig gehalten. Mein Vater war sprachlos, meine Mutter aber nicht. „Was für herrliche Farben! Wo kann man solche Seide bekommen?“ Großmutter erklärte sprudelnd und stolz, wie raffiniert sie mit den Händlern gefeilscht hatte. Nach über zwei Stunden meldete sich mein Vater zu Wort: „Meinst du nicht, dass du für dein Alter zu bunt aussiehst?“ Großmutter lachte laut. „Zu bunt, sagt mein Sohn! Das ist zu blass, Junge, die wirklich bunten Dinge habe ich erst bestellt!“ Sie lachte übermütig und steckte uns alle damit an. Nur meinen Vater nicht.

Wie gesagt, viele Nachbarn wunderten sich unverhohlen über die Verwandlungen meiner Großmutter von einer grauen Maus zu einer bunten, mutigen Tigerin. Ich aber wusste, dass meine Großmutter nie eine graue Maus gewesen war. Sie hatte all diese Farben schon immer in ihrem Herzen getragen und nur aus Mitleid mit meinem frommen Großvater nicht auf ihrer Haut. Bald erzählte ein Nachbar, dass er Großmutter auf einem bunten Fahrrad gesehen hätte. Und in der Tat, zwei Tage später kam sie mit dem Fahrrad zu uns. Ich glaube, sie war die erste arabische Frau, die Fahrrad fuhr, und wenn sie nicht die erste war, dann war sie mit Sicherheit die älteste. Sie fuhr etwas unsicher und holprig. Die Nachbarn machten große Augen und lachten hinter vorgehaltener Hand, aber das beeindruckte meine Großmutter überhaupt nicht.

Eines Tages erzählte meine Schwester Sahar beim Mittagessen aufgeregt, dass sie Großmutter im Kaffeehaus gesehen hatte, wie sie Wasserpfeife rauchte. Mein Vater ohrfeigte sie für diese Lüge, denn noch nie zuvor hatte eine arabische Frau gewagt, sich in ein Kaffeehaus zu setzen. Sahar weinte wegen der ungerechten Strafe und meine Mutter tröstete sie. Ich sah meinen Vater an, und zum ersten Mal in meinem Leben tat er mir Leid. Er sah sehr alt aus, sogar älter als sein eigener Vater. „Vater“, sagte ich, „Sahar lügt nicht, Oma hat mir gestern selbst gesagt, dass sie jeden Nachmittag ins Kaffeehaus beim Brunnen geht und Wasserpfeife raucht.“

Statt vernünftig zu werden, wollte mein Vater auch mich schlagen, doch ich wich seiner Ohrfeige aus und der traf mit Wucht den großen Radioapparat hinter mir. Ich floh in den Hof und hörte ihn laut jammern.

Plötzlich erklang eine helle Fahrradglocke und ich traute meinen Augen nicht. Schwungvoll und elegant fuhr meine Großmutter in den Hof ein. Sie trug eine wunderschöne weiße Hose und ein weißes Hemd, einen großen roten Hut und Sportschuhe. Sie war ohnehin ziemlich schlank, doch in diesen sommerlichen Kleidern wurde sie zur Athletin. Die Nachbarn grüßten sie staunend und kein einziger lachte oder stichelte. Sie fuhr in einem Bogen bis zur Wand und stieg gekonnt ab. „Na, Junge, wie geht es dir?“, grüßte sie mich. Auf dem Weg zum zweiten Stock erzählte ich ihr schnell, was vorgefallen war und sie lachte. „Nicht doch! Es fehlt noch, dass mein eigener Sohn mir verbietet, ins Café zu gehen. Die Leute dort sind harmloser als Jesuitenbrüder.“

Sie stritten fürchterlich. Mein Vater wurde ausfallend. Nichts Vernünftiges fiel ihm ein, nur schimpfen konnte er. Ich schämte mich für ihn vor den Nachbarn, als er seine Mutter herrisch nach Hause schickte. Es kam einem Rausschmiss gleich. „Du wirst es noch erleben, mein Junge, eines Tages werden so viele Frauen wie Männer in den Cafés sitzen, ihren Tee trinken und ihre Wasserpfeife rauchen. Warte nur ab", sagte sie und fuhr davon. Jahrelang kam sie uns nicht mehr besuchen, weil mein Vater das nicht wünschte, aber wir besuchten seine Mutter heimlich und lachten gemeinsam mit ihr über die Engstirnigkeit meines Vaters. Großmutter lebte lange und sie unternahm noch zwei Weltreisen. Nach zwei Jahren versöhnte sich mein Vater mit ihr und machte sich große Sorgen um ihre Sicherheit. Er hatte Alpträume, dass sie auf ihren Reisen von einem Löwen, Bären oder Räuber umgebracht werden könnte, doch sie kam gesund zurück, bepackt mit allerlei kleinen Geschenken. Und wenn sie dann im Hof saß und erzählte, dann lauschten alle voller Spannung wie kleine Kinder ihren Geschichten. Großmutter starb friedlich in ihrem Bett und die Nachbarn des Viertels weinten hinter ihrem Sarg. Das Kaffeehaus schloss ihr zu Ehren an jenem Tag seine Türen.

Textauszug
Aus: Rafik Schami, Der ehrliche Lügner.

| D | Name: ______________________ | Datum: ________________ |
|---|---|---|

# Der ehrliche Lügner

## Rafik Schami

1. Fasse den Inhalt der Geschichte in zwei bis drei Sätzen zusammen. (KS I)

________________________________________

________________________________________

________________________________________

________________________________________

2. Vergleiche Großmutter und die Frauen auf dem Bild oben. (KS II)

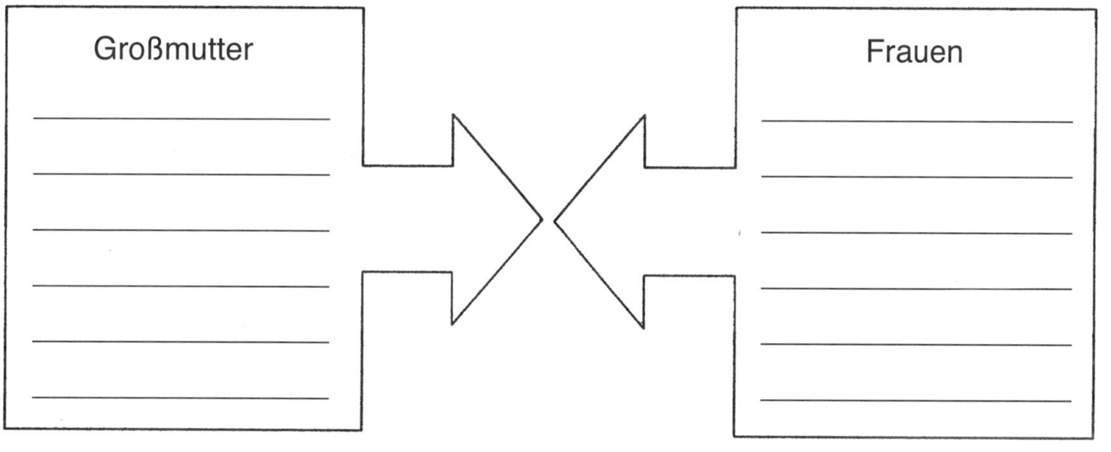


3. Fülle die Lücken mithilfe des Textes aus. (KS II)

Großmutter wandelt sich von einer ____________ ____________ zu einer ____________,
____________ ____________.

4. Finde Adjektive zu den beiden Tieren. (KS III)

____________________ ____________________

____________________ ____________________

____________________ ____________________

5. Vater glaubt nicht, dass Großmutter im Kaffeehaus war. Was tut er Sahar an? (KS I)

________________________________________

D Lösung

# Der ehrliche Lügner

## Rafik Schami

1. Fasse den Inhalt der Geschichte in zwei bis drei Sätzen zusammen. (KS I)

**Als Großvater starb, änderte Großmutter ihr Leben. Vater konnte zu Beginn den für muslimische Frauen unpassenden Lebensstil nicht akzeptieren, aber Großmutter war damit sehr glücklich. Erst nach zwei Jahren schaffte es der Vater, sich mit seiner Mutter zu versöhnen.**

2. Vergleiche Großmutter und die Frauen auf dem Bild oben. (KS II)

| Großmutter | Frauen |
|---|---|
| • **nicht verschleiert** | • **verschleiert** |
| • **bunte Kleidung** | • **schwarze Burka** |
| • **stolz** | • **angepasst** |
| • **fröhlich** | • **trist** |
| • **individuell** | • **gleichförmig** |
| • **selbstbewusst** | • **gehorsam, hörig** |

3. Fülle die Lücken mithilfe des Textes aus. (KS II)

Großmutter wandelt sich von einer **grauen** **Maus** zu einer **bunten**, **mutigen** **Tigerin**.

4. Finde Adjektive zu den beiden Tieren. (KS III)

| | |
|---|---|
| **klein, scheu** | **groß, kraftvoll** |
| **schnell, flink** | **gefährlich, impulsiv** |
| **vorsichtig** | **unberechenbar** |

5. Vater glaubt nicht, dass Großmutter im Kaffeehaus war. Was tut er Sahar an? (KS I)

**Er ohrfeigt sie.**

| D | Name: ______________________ | Datum: __________________ | |
|---|---|---|---|

6. Großmutter tut Dinge, die eine arabische Frau nicht macht. Welche? (KS III)

___

___

___

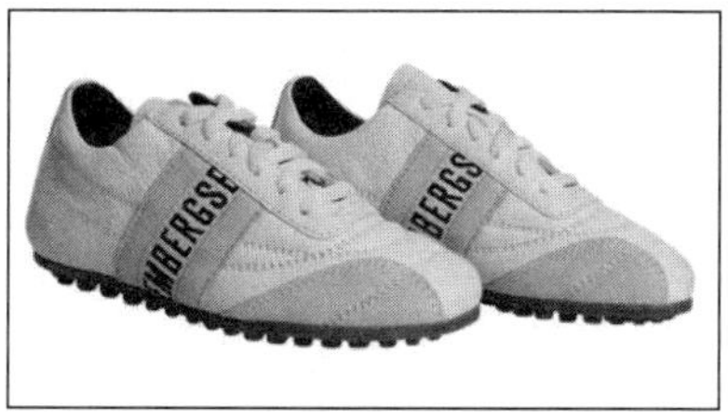

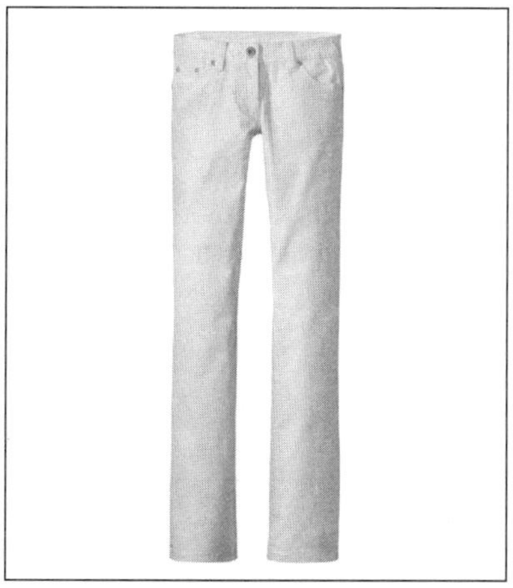

7. Warum kann er nicht akzeptieren, dass Großmutter im Kaffeehaus war? Lies im Text nach. (KS IV)

___

___

8. Die Nachbarn im Viertel und ihre Enkelkinder akzeptieren Großmutters Veränderung. Bilde zwei Sätze, die diese Aussage belegen. (KS IV)

Diese Wörter sollen vorkommen: heimlich - besuchen / Sarg - weinen

___

___

___

9. Was möchte der Autor mit der Geschichte erreichen? (KS V)

___

___

___

___

___

___

D Lösung

6. Großmutter tut Dinge, die eine arabische Frau nicht macht. Welche? (KS III)

**Raucht Wasserpfeife; unternimmt Weltreisen; trägt moderne Hosen, Hut und Bluse; zieht Sportschuhe an; fährt Rad; trinkt Tee im Kaffeehaus, was bislang nur den Männern vorbehalten war**

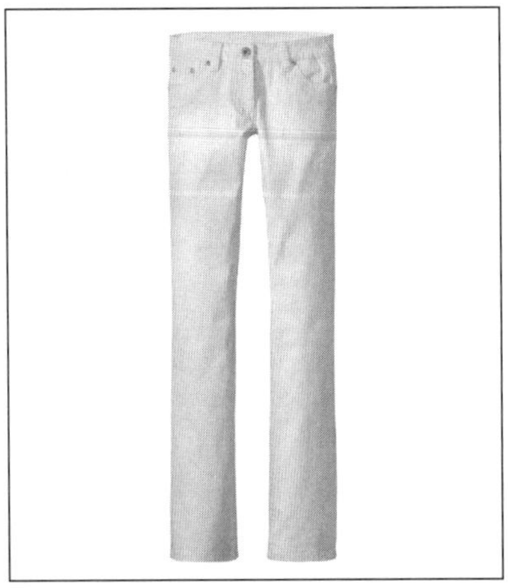

7. Warum kann er nicht akzeptieren, dass Großmutter im Kaffeehaus war? Lies im Text nach. (KS IV)

**Im Kaffeehaus dürfen nur Männer sitzen. Großmutters Verhalten widerspricht den muslimischen Gepflogenheiten.**

8. Die Nachbarn im Viertel und ihre Enkelkinder akzeptieren Großmutters Veränderung. Bilde zwei Sätze, die diese Aussage belegen. (KS IV)

Diese Wörter sollen vorkommen: heimlich - besuchen / Sarg - weinen

**Ihre Enkelkinder besuchen Großmutter heimlich. Die Nachbarn weinen hinter dem Sarg der Großmutter.**

9. Was möchte der Autor mit der Geschichte erreichen? (KS V)

**Der Autor möchte über das Leben der muslimischen Frauen informieren. Er will zugleich am Beispiel der Großmutter aufzeigen, dass Reformen im Hinblick auf die Rechte der muslimischen Frauen in diesen Ländern dringend nötig, aber nur sehr schwer zu realisieren sind. Die Geschichte geht gut aus. Doch die dominante orientalische Männerwelt steht den Emanzipationsbestrebungen der dortigen Frauen weitgehend ablehnend gegenüber. Berichte belegen, dass man auch vor Mord nicht zurückschreckt, wenn muslimische Frauen sich westlichen Sitten zu sehr öffnen.**

| D | Name: ______________________ | Datum: ______________ |
|---|---|---|

## Gefahr in den Bergen

### Reinhold Messner

Ich setzte mich und schaute die Hänge zurück. Ich sah Franz gerade noch, weit weg, ganz klein, dann verschwand er hinter einem Felsrücken. An der Gratschneide wehte ein scharfer Wind. Er trieb einzelne Nebelfetzen vor sich her. Ganz feiner Schneestaub klebte an den abschüssigen Platten. Ich passte mein Tempo den Schwierigkeiten und der dünnen Luft an, ging also nur mehr zehn Schritte ohne zu verschnaufen.

Und dann sah ich hinter dem Grat einen Felszahn, fünf oder sechs Meter hoch, eine Hälfte hell, eine dunkel, wie eine längs gestreifte Pyramide. Den Gipfel – einen so sonderbaren hatte ich in meinem Leben noch nicht gesehen!

Die letzten Meter waren schwierig. Der Fels war kleinsplitterig und steil. Ich hielt mich fest. Zwei, drei Schritte noch, dann stand ich oben! Ein Felszacken, einige Nebel, ein Häufchen Schnee - das also war der Gipfel.

Der Abstieg verlief anfangs reibungslos und rasch. Ich kletterte über die Aufstiegsroute zurück. Plötzlich und unerwartet kamen Nebel und Schneesturm auf. Der weitere Abstieg wurde zum Wettlauf mit dem Tod.

Solange es steil abwärts ging, konnte ich mich ausgezeichnet orientieren. Da ein Felsturm, dort ein blau schimmernder Eishang, unten musste ich zwischen einigen Schneewechten durch. Vom Aufstieg her hatte ich jede Einzelheit der Route im Kopf, sodass ich jetzt auch ohne Spur den Weg nicht verfehlte.

Doch bald steigerte sich der Sturm zum Orkan, es war unmöglich, mit Brille zu gehen. Mund und Augen vereisten, die Lage schien hoffnungslos. Das Plateau war jetzt flacher, der Sturm drohte mich auf den Boden zu werfen, die Augen brannten. Ich ging immer noch geradeaus, aber die Schneefläche nahm kein Ende. Wo war das Zelt? - Ich ging aufwärts, abwärts, quer zum Hang, ich ließ mich vom Wind treiben, kam an eine Eisfläche, die in den Morgenstunden noch nicht da war. Überhaupt war jetzt alles verändert, die Schneeverwehungen, die Rücken, nirgends eine reifende Felsinsel! Ich ging gegen den Sturm, rücklings, gebückt, zum Umfallen müde. Teilweise lag der Schnee jetzt knietief. Wenn der Sturm von der Seite kam, warf er mich um. Ich fühlte den müden Körper und schleppte ihn weiter. Ich kroch. Oft meinte ich, bei diesem Sturm nie mehr auf die Beine zu kommen aber es konnte ja nicht mehr weit sein. Die ganze Zeit über jagte der Orkan Eiskörner vor sich her, warf sie mir ins Gesicht, die Haut brannte. „Weitergehen", hämmerte es in meinem Kopf. So aussichtslos war es mir im Leben noch nie erschienen. Aber am schlimmsten würde es sein, hier in diesem Kessel liegen zu bleiben, ohne je wieder hinauszugelangen, hier zu sterben ...

Plötzlich hörte ich jemand meinen Namen rufen. Ich blieb stehen und lauschte. Nichts mehr! War es eine Sinnestäuschung? Nein, da wieder, ganz deutlich: „Reinhold!" Es war Franzens Stimme, ich erkannte sie genau, er schien vor dem Zelt nach mir zu rufen. „Franz", schrie ich, „ich bin da!"

Mir war völlig klar, dass er mit dieser Ortsangabe nichts anfangen konnte. „Franz!“, rief ich nochmals. Er gab keine Antwort. „Hallo!“ Wieder blieb es still. Nur der Sturm heulte und die Stofffetzen, die von meinem Körper hingen, flatterten. Ich geriet in Panik. Natürlich, hier irgendwo in der Nähe lag das Zelt, ich musste mich beeilen, beeilen ... Und ich hetzte vorwärts, bog um mannshohe Schneemauern – solche Windverwehungen hast du noch nicht gesehen! –, die Blicke eilten voraus, aber die Beine kamen nicht nach. Ich war so müde, verzweifelt müde! Da sah ich einen dunklen Haufen im Schnee. Sofort dachte ich: Da ist es. Ich wollte darauf zu rennen, aber die Beine versagten, der Brustkorb drohte zu zerspringen. Erschöpft ließ ich mich in den Schnee fallen. Ich hatte keine Luft mehr um rufen zu können, kraftlos und keuchend lag ich da, das Zelt nicht aus den Augen lassend. „Franz!“, rief ich nach einer Weile. ,,Fraanz!“ Und später: „Hallo!“ Warum antwortete er nicht? Ich robbte auf das Zelt zu wenn er nur herauskäme! ... Näher ... näher ... und endlich war ich dort! – Ein spitzer Schneehaufen! Damals dachte ich, ich würde sterben. Ich saß im Schnee, den der Sturm unter mir wegriss.

Ich war so müde, dass ich aufgehört hatte zu gehen, das Zelt zu suchen. An Wangen und Nase klebten Schnee und Blut.

Den Bart, an dem zentimeterlange Eiszapfen hingen, hatte ich mir teilweise ausgerissen um noch atmen zu können. Ab und zu glaubte ich, ich würde vor Durst ersticken. Ich öffnete die zerrissenen Lippen und träumte von einem Schluck heißen Tee. Dann sah ich gedankenverloren auf die winzige Schneefläche, die im Schneesturm noch zu sehen war. Die Nacht kam, man merkte es an dem dicken, grauen Nebel, der mit Schnee gemischt war. Wie ein Käfig stand er um mich. Als der Sturm ein wenig nachließ, wälzte ich mich zur Seite, stemmte eine Faust in den Schnee und stand auf. Ich ging wieder heute weiß ich nicht, wo und wohin. Plötzlich kam ich zum Südwandabbruch, ging zurück zum Grat, fand die Felsen, ging die Strecke dazwischen zweimal, dreimal; beim vierten Mal sah ich das Zelt.

Aus: Reinhold Messner: Sturm am Manaslu.

| D | Name: ______________________ | Datum: ______________________ |
|---|---|---|

## Gefahr in den Bergen

### Reinhold Messner

1. Welche Personen sind in den Bergen unterwegs? Nenne die Namen. (KS I)

______________________________________________________________________

2. Was sieht Reinhold Messner auf dem Gipfel? Finde die passenden Nomen. (KS II)

_ _ _ _ _        _ _ _ _ _ _ _        _ _ _ _ _ _ _ _ _ _ _

3. Ergänze den Lückentext mithilfe des Textes sinnvoll. (KS II)

Ich kletterte ______________________________ zurück. Plötzlich und unerwartet kamen ____________ und ________________auf. Der weitere Abstieg wurde zum ______________________________.

4. Welche körperlichen Folgen musste Messner beim Abstieg bis zum Plateau auf sich nehmen? Nenne auch die Zeilen. (KS III)

______________________________________________________________________

______________________________________________________________________

5. Welche Gedanken hat der Autor wohl beim Abstieg? Überlege und bilde passende Sätze mit den angegebenen Wörtern. (KS III)

______________________ Zelt?

______________________ nicht mehr ______ die Beine.

______________________ weitergehen!

D Lösung

# Gefahr in den Bergen

## Reinhold Messner

1. Welche Personen sind in den Bergen unterwegs? Nenne die Namen. (KS I)

**Reinhold Messner und Franz (Jäger)**

2. Was sieht Reinhold Messner auf dem Gipfel? Finde die passenden Nomen. (KS II)

**N e b e l** **S c h n e e** **F e l s z a c k e n**

3. Ergänze den Lückentext mithilfe des Textes sinnvoll. (KS II)

Ich kletterte **über die Aufstiegsroute** zurück. Plötzlich und unerwartet kamen **Nebel** und **Schneesturm** auf. Der weitere Abstieg wurde zum **Wettlauf mit dem Tod**.

4. Welche körperlichen Folgen musste Messner beim Abstieg bis zum Plateau auf sich nehmen? Nenne auch die Zeilen. (KS III)

**Sein Mund und seine Augen waren vereist. (Zeile 25)**

**Seine Augen brannten. (Zeile 27)**

5. Welche Gedanken hat der Autor wohl beim Abstieg? Überlege und bilde passende Sätze mit den angegebenen Wörtern. (KS III)

**Wo ist das** Zelt?

**Ich komme** nicht mehr **auf** die Beine.

**Ich muss** weitergehen!

D | Name: ______________________ | Datum: ______________________

6. Reinhold Messner findet das Zelt nicht. Warum? Kreuze die richtigen Sätze an. (KS III)

- ☐ Messner macht eine Pause und trinkt Tee, danach geht er zum Zelt.
- ☐ Das Wetter ist so schlecht, so dass er das Zelt nicht sieht.
- ☐ Messner ist völlig kraftlos.
- ☐ Er dachte, er hätte das Zelt gefunden, aber es war nur ein Schneehaufen.
- ☐ Messner will ins Zelt, allerdings öffnet Franz es nicht für ihn.

7. Warum überlebt der Bergsteiger diese anstrengende Bergtour? Erkläre. (KS IV)

______________________________________________

______________________________________________

______________________________________________

______________________________________________

8. Auf Reinhold Messners Homepage steht: „Ich bin, was ich tu'!" Was meint der Autor mit dieser Aussage? (KS V)

______________________________________________

______________________________________________

______________________________________________

9. Welche Dinge benötigt ein Bergsteiger für seine Klettertouren? (KS IV)

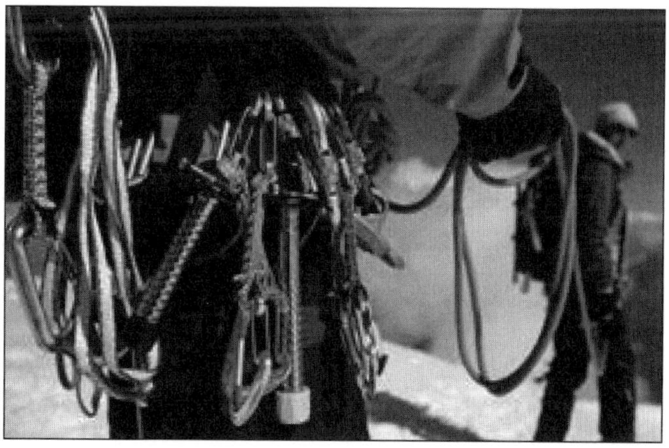

______________________________________________

______________________________________________

______________________________________________

______________________________________________

______________________________________________

______________________________________________

10. Lies dir das Zitat durch. Kannst du erklären, was der Autor damit sagen möchte? (KS V)

> **„Jedes Kilogramm Gepäck, das wir uns aufbürden, vermehrt die Arbeit unserer Muskeln, lässt uns früher ermüden und mindert die Leistungsfähigkeit."**
>
> Nathan Zuntz, 1905

______________________________________________

______________________________________________

______________________________________________

______________________________________________

______________________________________________

______________________________________________

______________________________________________

______________________________________________

______________________________________________

| D | Lösung | | |
|---|---|---|---|

6. Reinhold Messner findet das Zelt nicht. Warum? Kreuze die richtigen Sätze an. (KS III)

- ☐ Messner macht eine Pause und trinkt Tee, danach geht er zum Zelt.
- ☒ Das Wetter ist so schlecht, so dass er das Zelt nicht sieht.
- ☒ Messner ist völlig kraftlos.
- ☒ Er dachte, er hätte das Zelt gefunden, aber es war nur ein Schneehaufen.
- ☐ Messner will ins Zelt, allerdings öffnet Franz es nicht für ihn.

7. Warum überlebt der Bergsteiger diese anstrengende Bergtour? Erkläre. (KS IV)

**Messner gibt auch in dieser scheinbar ausweglosen Situation nicht auf. Sicherlich haben seine hervorragende körperliche Konstitution, seine Erfahrung und seine Ausrüstung geholfen zu überleben.**

8. Auf Reinhold Messners Homepage steht: „Ich bin, was ich tu'!" Was meint der Autor mit dieser Aussage? (KS V)

**Messner ist ein besessener, professioneller Bergsteiger und liebt seinen Beruf. Ihn reizen gefährliche Bergtouren. Er würde nie auf sie verzichten wollen, da diese sein Leben bestimmen und bereichern.**

9. Welche Dinge benötigt ein Bergsteiger für seine Klettertouren? (KS IV)

**Rucksack, feste Schuhe, wetterfeste Kleidung, Kopfbedekung, Sonnenschutzmittel, Verpflegung (Nahrung und Getränke), Sonnenbrille, Handschuhe, Steigeisen, Seil ...**

10. Lies dir das Zitat durch. Kannst du erklären, was der Autor damit sagen möchte? (KS V)

> **„Jedes Kilogramm Gepäck, das wir uns aufbürden, vermehrt die Arbeit unserer Muskeln, lässt uns früher ermüden und mindert die Leistungsfähigkeit."**
>
> Nathan Zuntz, 1905

**Da Bergsteiger bei Extremtouren oft bis an die Grenzen ihrer Belastungsfähigkeit und manchmal auch darüber hinaus gehen müssen, ist es überlebenswichtig, so wenig wie möglich Gepäck mitzunehmen. Eine frühzeitige Ermüdung und ein Nachlassen der Kraft ist gleichbedeutend mit dem Tod.**

D | Name: ______________________ | Datum: ______________________

## Walter Bauer: Der Diebstahl (Leseprobe)

Felix wusste genau, wie viele Zeitungen in jedes Haus kamen, er wusste, an welchen Türen er klingeln musste oder nur klopfen durfte. Vor manchen Häusern hatte er ein leises Grauen, sie waren so still, als geschehe drinnen immer etwas. Er glitt unhörbar hinauf, schob die Zeitung durch einen Spalt in der Tür, rannte mit Herzklopfen hinunter.

Heute dauerte es lange. In diesen Tagen mussten sie das Monatsgeld einsammeln. Felix hatte eine alte kleine Ledertasche um; er war stolz, dass er sie tragen durfte, dass Geld darin klirrte. Es gehörte ihm nicht, aber er war zäh, gab die Quittung nicht eher aus der Hand, als bis er das Geld in seine Tasche legen konnte ...

So stand er vor der Tür, an der ein glänzendes Schild hing. Er drückte auf den Klingelknopf, hörte den Ton schrill in der Wohnung. Dämmerlicht floh aus einem Zimmer auf den Flur. Eine ältere Frau machte die Tür auf. „Der Zeitungsjunge“, sagte Felix, „ich möchte das Monatsgeld.“ „Komm herein, Junge“, sagte die Frau und ging voraus; er blieb in dem Flur stehen. Die Frau ging in das Zimmer hinein. Felix hörte, wie die Stimme eines alten Mannes aus einem anderen Zimmer fragte: „Wer ist das?“

„Der Zeitungsjunge“, antwortete die Frau. „Kannst du herausgeben“, fragte sie aus dem Zimmer. – „Nein.“

Der Mann war wohl krank und lag im Bett. Und wieder schien die Frau zu suchen. Wartend blickte Felix um sich. Da lag auf der Kommode eine Taschenuhr. Er erschrak, plötzlich stand einer vor ihm, ganz dicht. Aber das war er selber, er sah sich im Spiegel. Seine Kehle war ihm mit einem Mal trocken. Felix hörte die Frau kommen und trat an die Tür zurück. „Ich habe es doch passend machen können“, sagte sie und zählte ihm das Geld in die Hand. „Du schwitzt ja mächtig.“ Er machte die Tasche auf, nahm die Quittung heraus, schob das Geld hinein. „Wart noch einen Augenblick“, sagte die Frau, „für dein langes Warten sollst du etwas haben.“ Sie ging wieder in das Zimmer zurück.

War er es, der an das Tischchen trat, die Uhr in die Hosentasche steckte? Er merkte, dass er rot wurde, und trat in die Dämmerung zurück. Die Frau kam, gab ihm zwei große Äpfel, sagte lächelnd: „So, die lass dir auf dem Wege schmecken.“ Felix fühlte sich davongehen, hörte sich „Auf Wiedersehen“ sagen. Eine andere Hand als die seine hatte die Uhr ergriffen und in seine Tasche getan. Er fasste hinein, fühlte sie drinnen, zog die Hand heraus, öffnete sie. Da war die Uhr, er hatte sie fortgenommen, nun gehörte sie ihm. Aber sie war gestohlen. Er hielt die Uhr an sein Ohr; hart und hell jagte ihr Herzschlag. Unermüdlich kreiste der Sekundenzeiger. Felix wischte mit der linken Hand über sein Gesicht, es war ganz nass. Und jetzt, dachte er, jetzt öffnet sich oben die Tür, die Stimme der Frau wird nach mir rufen. Hast du hier eine Uhr fortgenommen? Ja, wird er sagen – oder was? Er hatte sie ja gar nicht nehmen wollen. Felix nahm sein Taschentuch hervor, wickelte die Uhr hinein und ging aus dem Haus.

Noch nie war ein Nachmittag so langsam vergangen. Immer hatte er sich eine Uhr gewünscht, sie konnten keine kaufen, und jetzt hatte er eben eine. Aber er konnte sich nicht an ihr freuen ...

Als die Dämmerung die Straßen langsam zu füllen begann, war Felix fertig mit seiner Arbeit, aber fertig war er noch nicht mit dem Ding in der Tasche. Er presste seine Hand darauf, damit niemand die helle, verräterische Stimme hörte. So gern ging Felix sonst durch die Straßen. Heute war ihm alles leer. Er ging wie gejagt. In der wachsenden Dämmerung wuchs seine Furcht. Die Uhr musste fort – auf irgendeine Weise –, fort aus seiner Tasche. Vom Turm schlug die Uhr sechsmal. Er trat in eine finstere Ecke, band das Taschentuch auf, die Uhr lag in seiner Hand.

Ganz genau ging sie. Aber sie war gestohlen. Was wollte er eigentlich damit? Keinem Menschen konnte er sie zeigen und wenn die Mutter es merkte ... Er konnte nicht nach Hause. Und er rannte davon, zögerte, ermutigte sich, plötzlich stand er vor dem Haus in der Moltkestraße.

Felix ging auf und ab. Er sagte sich: Die Tür wird geschlossen sein. Er klinkte leise auf. Sie war offen, er sah in den langen, stillen, dämmrigen Flur. Er rannte die Treppe hinauf bis unter die Lampe; hier konnte ihm nichts geschehen, er hatte Furcht.

Jetzt stand er vor der Wohnung, starrte die Tür an. Dorthinein musste er. Er kroch an der Tür vorüber eine Treppe höher, kauerte sich in das Dunkel und wartete. Er fror. Hier und da ging in den Wohnungen eine Tür auf, Schritte gingen hinab – Stille. In der Wohnung schlug eine Uhr ... immer wieder ... acht Uhr. Um sechs sollte er Kartoffeln aufgestellt haben. Aber er konnte nicht fort. Er hatte die Hand in seiner Tasche, hörte die Uhr, oh, er hasste sie, am liebsten hätte er sie durch die Glasscheibe in die Wohnung geworfen.

Da ging drinnen eine Tür auf, er hörte langsame, schlurfende Schritte auf dem Flur, sah einen Schatten hinter der Tür, sie wurde geöffnet. Ein alter weißhaariger Mann sagte zu jemandem in der Wohnung: „Ich lasse offen ...“, und ging mühselig, immerfort murmelnd und seufzend die Treppe hinab, verschwand hinter einer kleinen Tür. Felix lauschte, schlich hinab, schob sich durch die Tür, hatte die Uhr in der Hand, legte sie auf den Tisch, er stürzte die Treppe hinab, die Nacht umbrauste ihn, ganz nass war er, aber die Last war er los. Er flog durch die Nacht. Jetzt kehrte er heim nach einem Tag ohnegleichen.

Walter Bauer: Der Diebstahl. Aus: Der Lichtstrahl.

D | Name: ____________________ | Datum: ____________________

## Walter Bauer: Der Diebstahl (Leseprobe)

1. Was sind die Aufgaben von Felix? (KS I)

❶ ____________________

____________________

❷ ____________________

____________________

1/___

2. Sieh dir das Bild an und löse die folgenden Aufgaben.

a) Welcher abgebildete Gegenstand verändert den Verlauf der Geschichte? (KS I) 0,5/

____________________________________________ ___

b) Felix und sein Spiegelbild unterscheiden sich. Unterstreiche die Adjektive, die zum Spiegelbild passen. (KS II) 1,5/

erschrocken - unsicher - gierig - klug - bösartig - unehrlich - launisch - ehrlich - gut ___

3. Felix hat Angst. Nenne zwei Körperreaktionen mit der jeweiligen Textzeile. (KS III)

____________________________________________

____________________________________________

____________________________________________ 2/___

4. „Felix fühlte sich davongehen ...“. Erkläre, was der Autor mit diesen Worten ausdrücken möchte. (KS IV)

____________________________________________

____________________________________________

____________________________________________

____________________________________________

____________________________________________

____________________________________________ 2/___

| D | Lösung | | |
|---|---|---|---|

# Walter Bauer: Der Diebstahl (Leseprobe)

1. Was sind die Aufgaben von Felix? (KS I)

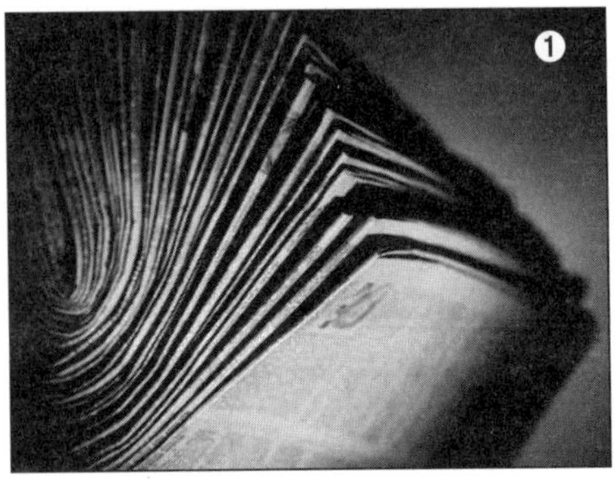

❶ **Zeitungen austragen**

❷ **Geld einsammeln**

1/___

2. Sieh dir das Bild an und löse die folgenden Aufgaben.

a) Welcher abgebildete Gegenstand verändert den Verlauf der Geschichte? (KS I) 0,5/___

**Die Taschenuhr verändert den Verlauf der Geschichte.**

b) Felix und sein Spiegelbild unterscheiden sich. Unterstreiche die Adjektive, die zum Spiegelbild passen. (KS II) 1,5/___

erschrocken - unsicher - <u>gierig</u> - klug - <u>bösartig</u> - <u>unehrlich</u> - launisch - ehrlich - gut

3. Felix hat Angst. Nenne zwei Körperreaktionen mit der jeweiligen Textzeile. (KS III)

**„Sein Gesicht war ganz nass.“ (Zeile 32)**

**„Du schwitzt ja mächtig.“ (Zeilen 21/22)**

**„Seine Kehle war mit einem Mal trocken.“ (Zeilen 19/20)** 2/___

4. „Felix fühlte sich davongehen ...“. Erkläre, was der Autor mit diesen Worten ausdrücken möchte. (KS IV)

**Felix ist nicht mehr Herr seiner Sinne. Er kann nicht realisieren, dass er gerade eine Taschenuhr gestohlen hat. Die Situation kommt ihm so unwirklich vor, dass er meint, nicht mehr er selbst zu sein. Das Gefühl für sich und seinen Körper ist Felix verloren gegangen. Diese Bewusstseinsspaltung hat schon fast schizophrene Züge.**

2/___

| D | Name: ____________________ | Datum: ____________________ | |
|---|---|---|---|

5. Der Junge denkt, die Frau habe den Diebstahl bemerkt. Er malt sich ein Gespräch aus. Was sagt die Frau in seinen Gedanken? (KS III)

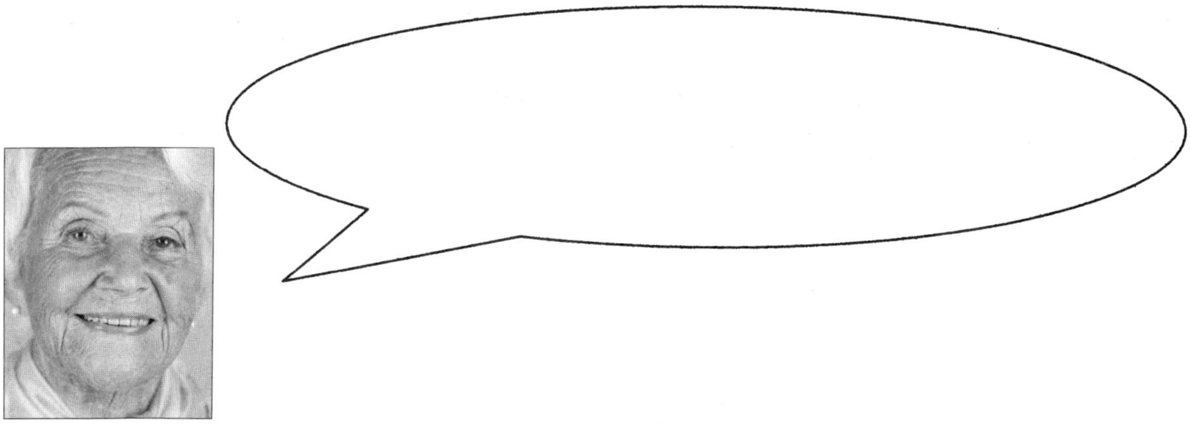

1/___

6. Eine Freude über die Uhr tritt nicht ein, sondern ein Gefühl der ... (KS IV)

K N Ä B S C E M L H G U N ____________________

Achtung! Nicht alle Buchstaben werden benötigt. 1/___

7. Die lang ersehnte Taschenuhr wird zu einer Last. Erkläre! (KS V)

______________________________________________

______________________________________________

______________________________________________ 2/___

8. Beschreibe die Situation, die es Felix ermöglicht, die Uhr zurückzugeben. (KS V)

______________________________________________

______________________________________________

______________________________________________

______________________________________________

______________________________________________

______________________________________________

______________________________________________ 2/___

9. Kreuze das passende Sprichwort an. (KS V)

- ☐ Der Apfel fällt nicht weit vom Stamm.
- ☐ Einen alten Baum verpflanzt man nicht.
- ☐ Ein gutes Gewissen ist ein sanftes Ruhekissen
- ☐ Kleine Geschenke erhalten die Freundschaft.
- ☐ Einem geschenkten Gaul schaut man nicht ins Maul. 1/___

**14/**

| D | Lösung | | |
|---|---|---|---|

5. Der Junge denkt, die Frau habe den Diebstahl bemerkt. Er malt sich ein Gespräch aus. Was sagt die Frau in seinen Gedanken? (KS III)

**Hast du hier von der Kommode eine goldene Taschenuhr mitgenommen?**

1/___

6. Eine Freude über die Uhr tritt nicht ein, sondern ein Gefühl der ... (KS IV)

K N Ä B S C E M L H G U N ___**Beschämung**___

Achtung! Nicht alle Buchstaben werden benötigt. 1/___

7. Die lang ersehnte Taschenuhr wird zu einer Last. Erkläre! (KS V)

**Felix kann sich nicht an der Uhr erfreuen, weil er sie gestohlen hat. Sie ist eine Last für ihn, denn sie beunruhigt sein Gewissen. Er ist verzweifelt und hat mächtige Schuldgefühle.** 2/___

8. Beschreibe die Situation, die es Felix ermöglicht, die Uhr zurückzugeben. (KS V)

**Der alte Mann, dessen Taschenuhr Felix gestohlen hat, verlässt seine Wohnung und lässt die Wohnungstüre angelehnt, weil er gleich wieder zurückkommen will. Felix wartet währenddessen schon im Treppenhaus, um die Uhr zurückzubringen. Rasch huscht der Junge in die Wohnung und legt die Uhr unbemerkt an die alte Stelle zurück.** 2/___

9. Kreuze das passende Sprichwort an. (KS V)

- ☐ Der Apfel fällt nicht weit vom Stamm.
- ☐ Einen alten Baum verpflanzt man nicht.
- ☒ Ein gutes Gewissen ist ein sanftes Ruhekissen
- ☐ Kleine Geschenke erhalten die Freundschaft.
- ☐ Einem geschenkten Gaul schaut man nicht ins Maul. 1/___

**14/**